LETTRES, MAX

ÉPICURE

Lettres, Maximes, Sentences

TRADUCTION, INTRODUCTION
ET COMMENTAIRES
PAR JEAN-FRANÇOIS BALAUDÉ

LE LIVRE DE POCHE
Classiques de la philosophie

Mes plus vifs remerciements vont à tous ceux, nombreux, qui ont favorisé la réalisation de ce livre, et tout spécialement à Richard Goulet et Pierre-Marie Morel qui, par leur lecture de telle partie de la traduction, leurs conseils et leurs suggestions, m'ont aidé à l'améliorer, à approfondir certaines voies d'interprétation.

Mais Catherine Balaudé a été la lectrice la plus constante de l'ensemble du manuscrit, et c'est bien à elle, pour cela et tant d'autres choses, que je suis le plus redevable et le plus reconnaissant.

Enfin, ce travail n'aurait sans doute pas abouti sans l'amical et stimulant soutien de Dominique Grisoni ; merci à lui de sa confiance.

Jean-François Balaudé, ancien élève de l'E.N.S. de la rue d'Ulm, agrégé de philosophie, est maître de conférences à l'Université de Paris-X Nanterre. Il est l'auteur d'une thèse de doctorat sur *Le démon et la communauté des vivants. Étude de la tradition d'interprétation antique des* Catharmes *d'Empédocle, de Platon à Porphyre*, et prépare actuellement une traduction commentée du *Traité 6* (IV, 8) de Plotin.

INTRODUCTION

par Jean-François Balaudé

Aux *philoi*

Avant-propos   L'introduction la plus brève et la
plus dense à la philosophie d'Épi-
cure est constituée par ce que l'école épicurienne a désigné
sous le nom de *tetrapharmakos*, c'est-à-dire de « quadruple-
remède », ainsi formulé :

« le dieu n'est pas à craindre ; la mort ne donne pas de
souci ; et tandis que le bien est facile à obtenir, le mal est
facile à supporter »[1].

Dans ce quadruple-remède, se trouvent concentrées les
prescriptions éthiques majeures, et tout homme capable de
les comprendre et de se ranger à elles peut prétendre pratiquer la philosophie telle que l'entend Épicure ; car la
vocation de la philosophie est d'abord pratique. Les formules peuvent évidemment être développées, puisqu'elles
condensent à l'extrême l'évaluation correcte des réalités
éthiques ; elles aident à se remémorer les règles de conduite
à suivre, sans les expliciter. Cette brièveté explique l'utilité
de ces formules : par elles, il est possible à la philosophie
de s'adresser à tout un chacun, du plus humble au plus
savant. Elles ne sont en effet jamais démenties : indépassa-
bles, c'est sur elles que tout homme devrait régler sa
conduite pour atteindre le bonheur. Et parce qu'ils sont le
noyau de l'éthique épicurienne, ces préceptes concernent
donc l'apprenti-philosophe comme le plus confirmé.

L'enseignement d'Épicure, qui prétend que chacun peut
atteindre le bonheur, comporte une grande progressivité : la
doctrine considérée globalement se trouve ainsi déployée en

---

1. C'est ainsi que le cite Philodème, dans *Contre les Sophistes*, IV, 10-
14 (cf. texte dans A.A. Long-D. Sedley, *The Hellenistic Philosophers*, II,
25 J, p. 161). Le quadruple-remède se trouve contenu dans la *Lettre à
Ménécée*, § 133 (cf. plus loin la présentation de la lettre), et il est successivement présenté dans les quatre premières *Maximes Capitales*.

des cercles de plus en plus larges, de la formule aux traités entièrement développés, en passant par les résumés que constituent les lettres[1]. La vérité élémentaire que révèle le quadruple-remède n'est ni travestie, ni partielle : le cœur de la vérité philosophique s'offre immédiatement. La progression philosophique ne vise donc à rien d'autre qu'à faire rejoindre par le raisonnement et l'exercice ce qui est donné d'emblée : ce que la philosophie fait connaître doit être appliqué.

La philosophie épicurienne se soucie donc avant tout d'élaborer une éthique[2] ; à ce point il faudrait, en considération liminaire, ajouter que l'on gagnera à ne pas ranger l'épicurisme parmi les philosophies matérialistes, comme on le fait souvent. Non seulement Épicure n'a rien revendiqué de tel, mais de surcroît sa doctrine résiste à être analysée comme un matérialisme radical. Sa physique repose, cela est indéniable, sur l'assomption du double principe des atomes et du vide, dans la lignée de la physique démocritéenne. Mais le développement de la physique épicurienne montre tout aussi nettement que la réduction de toutes choses à des atomes et à du vide ne suffit pas à rendre compte effectivement de la structure et des propriétés du réel, tel qu'il nous apparaît. De la recherche des causes les plus générales, qui nous apprend qu'aucune nature ou cause première n'est à supposer en dehors des atomes et du vide, il faut passer à des étiologies particulières, lorsque nous entreprenons de dire ce qu'est un monde, un astre, un vivant, un homme. Si l'on n'admet pas qu'il existe des ordres homogènes mais distincts par leur degré d'élaboration et de complexité respectifs, il ne sera pas possible d'échapper à une logique déterministe, sauf à chercher dans la déclinaison, le fameux *clinamen* évoqué par Lucrèce, le principe de l'action libre. Mais grand est alors le risque de basculer du côté d'un indéterminisme qui ne sera pas davantage satisfaisant si l'on prétend en faire le principe permanent de l'agir humain.

---

1. Cf. le début de la *Lettre à Hérodote*, § 35-37.
2. Il sera question plus loin des rapports de l'éthique et du reste de la philosophie.

Ainsi que la démonstration en a été remarquablement faite par David Sedley récemment[1], la position théorique d'Épicure doit donc être reconnue comme foncièrement anti-réductionniste : Épicure ne prétend pas réduire le comportement humain à un pur mécanisme, à un jeu d'atomes, et tout ce qui en particulier relève d'une intention, l'image en tant que telle, les notions ou conceptions, les raisonnements, les volitions, ne peuvent être décrits adéquatement en des termes strictement matérialistes, atomistes. Pour former une image, il faut des simulacres, mais un acte d'attention de l'esprit, qui se saisit d'un flux de simulacres et lui donne l'unité d'une image (*phantasia*), est aussi nécessaire.

Ce n'est pas qu'Épicure ait failli à ses propres principes, comme si l'on devait suppléer aux causalités mécaniques que n'évoque pas la *Lettre à Hérodote*, ou accepter de donner au *clinamen,* qui n'est pourtant pas nommé par Épicure[2], une efficace permanente, et lui attribuer la responsabilité de ce que la causalité mécanique stricte ne permet pas d'expliquer. Le point essentiel me semble être le suivant : en établissant que les deux seules natures générales sont les atomes et le vide, Épicure cherche moins à établir une thèse métaphysique qu'à réduire les prétentions métaphysiques de ses adversaires assimilées par lui à du « mythe ». S'il est en droit possible de réduire toutes choses à des atomes et à du vide (atomisme), cette possibilité de pensée, qui fonde l'étude de la nature, a aussi une portée éthique. Opérant cette réduction, je peux surtout, en toute circonstance, réduire les motifs d'angoisse : la peur des dieux, de la mort, du malheur, de la souffrance ; l'on retrouve ainsi le quadruple-remède. De même, en défendant la thèse de la vérité absolue des sensations (sensualisme), Épicure indique la voie d'une connaissance possible, en coupant court aux illusions de la pensée pure ; mais c'est une voie critique, car en réalité nul n'a montré davantage

---

1. D. Sedley, « Epicurean Anti-Reductionism », dans *Matter and Metaphysics*, éd. par J. Barnes et M. Mignucci, pp. 297-327.
2. Je ne suggère pas par là qu'Épicure ne parlait pas du *clinamen*, mais bien plutôt que l'on ne doit pas faire jouer à la déclinaison atomique une fonction qui n'est pas la sienne.

de prudence dans la mise en œuvre des sensations. De façon analogue, c'est en réduisant pour commencer toute action à la recherche d'un plaisir (hédonisme), c'est en ne faisant pas de l'homme un être agissant principiellement en vue d'une autre fin que l'animal, que l'on s'épargne toute illusion sur l'animal-homme, ses pensées et ses actes. La réduction a dans ces deux cas une utilité : nous avons en effet besoin d'une étiologie générale et simple pour viser l'ataraxie, l'absence de trouble qui désigne négativement le bonheur. Cela étant montré, il est possible d'aller plus loin (car l'on n'a fait par là que neutraliser l'erreur) : nous sommes appelés à une recherche fine et différenciée des causes, à l'élaboration d'une étiologie particulière et complexe pour trouver de surcroît la paix et la joie de l'âme, s'il est vrai que ce qui donne la joie au sage, c'est, au-delà de la vision des atomes par l'esprit, la vue sereine du monde, la maîtrise de soi et la fréquentation amicale de ses semblables.

Irréductible à un pur atomisme, à un pur sensualisme, autant qu'à un pur hédonisme, telle est la philosophie d'Épicure, accessible à tous, mais aussi très subtile.

Éléments biographiques

Épicure est né à Athènes en 341, mais il a passé sa jeunesse à Samos[1], la patrie de Pythagore, sur la côte ionienne où son père s'était installé avec sa famille comme colon athénien. Il vient à Athènes en 323, pour y accomplir son service militaire, mais après la mort d'Alexandre (juin 323), le pouvoir madéconien renforce avec Perdiccas sa main-mise sur Athènes. Aussi, en 321, dégagé des obligations militaires, il part pour Colophon, au nord de Samos, où ses parents ont dû s'installer[2].

Il reste à Colophon de 321 à 311. C'est probablement au début de cette période qu'il va écouter dans l'île de Téos, toute proche, Nausiphane[3]. De là, il se rend à Mytilène, dans l'île de Lesbos, où il commence à enseigner (il gagne à lui Hermarque, qui lui succédera à la tête du Jardin), et polé-

---

1. Il n'est pas impossible toutefois qu'il soit né à Samos.
2. Dans cette période meurt Aristote (322).
3. D. Sedley, « Epicurus and his professional rivals », p. 121, et 149, n. 2 ; pour d'autres au contraire, il l'aurait écouté avant de partir à Athènes.

mique peut-être avec Praxiphane, un aristotélicien[1]. Il est possible qu'Épicure y ait provoqué une forte hostilité par son enseignement. Cela expliquerait alors son départ rapide, marqué par une traversée dangereuse[2], pour Lampsaque, au nord du détroit de l'Hellespont (Anaxagore y était mort), où il restera de 310 à 306. Il a là un groupe d'auditeurs qui le suivront ensuite à Athènes (notamment Colotès, Métrodore, Léonteus, Thémista la femme de ce dernier, et Idoménée) ; un de ses adversaires philosophiques est alors Eudoxe, dont l'école se trouvait à Cyzique en mer de Marmara[3].

Il retourne à Athènes, à la faveur de la libération de la ville par Démétrios Poliorcète. Il peut alors fonder en 306 son École, le Jardin, au moment même où le Lycée et l'Académie connaissent des difficultés, pour la protection dont ils bénéficiaient du temps de la domination macédonienne (le maître de la ville, Démétrios de Phalère, était même un disciple de Théophraste, le successeur d'Aristote). Le Jardin d'Épicure est ainsi fondé très peu de temps avant le Portique stoïcien.

L'École a été immédiatement très unie autour du Maître, de son enseignement et du mode de vie prôné : culte de l'amitié, frugalité, pratique du repas en commun, fête le 20 du mois, pour célébrer le jour de la naissance d'Épicure. De 306 à 270, date de la mort d'Épicure, la communauté semble avoir vécu paisiblement. Durant toute cette période, Épicure a rédigé nombre de traités et écrits de diverses sortes (dont des lettres)[4], et en dépit d'une santé fragile, il atteint l'âge de soixante-dix ans. Diogène Laërce cite un extrait de sa *Lettre à Idoménée*, écrite très peu de temps avant de mourir :

---

1. L'école de cette île aurait été fondée par Aristote lui-même, lorsque, à la mort de Platon, en 347, il avait quitté l'Académie avec Xénocrate ; l'hypothèse d'une polémique avec Praxiphane repose sur la seule mention de ce dernier par Diogène Laërce (désormais abrégé en note, D. L.), en X, 13 ; cf. E. Bignone, *L'Aristotele perduto e la formazione filosofica di Epicuro*, I, 420, et n. 82.
2. Cf. Plutarque, *Que l'on ne peut pas vivre avec plaisir en suivant Épicure*, ch. 6, 1090 A.
3. Cf. D. Sedley, « Epicurus and his professional Rivals », pp. 137-144.
4. Trois cents rouleaux, d'après D.L. (X, 26), qui dresse une liste des meilleurs ouvrages, en X, 27-28.

« je t'écris cette lettre alors que je passe et achève en même temps le bienheureux jour de ma vie[1] ; les douleurs liées à la rétention urinaire et à la dysenterie se sont succédé sans que s'atténue l'intensité extrême qui est la leur ; mais à tout cela a résisté la joie dans l'âme, au souvenir de nos conversations passées ; quant à toi, montre-toi digne de la disposition d'esprit que tu as manifestée auprès de moi depuis que tu es jeune, et prends soin des enfants de Métrodore »[2].

La postérité d'Épicure a été très importante tout au long de l'Antiquité : son enseignement théorique et le mode de vie pratique prôné ont continué de se renforcer mutuellement, de sorte qu'il ne s'est produit qu'une évolution, sans qu'aucun dogme fondamental ait été remis en question. Mais l'épicurisme a connu à Rome au Ier siècle av. J.-C., un épanouissement remarquable, autour du cercle politique des Pisons, avec pour figure intellectuelle majeure Philodème de Gadara, auteur de nombreux traités, dont les papyrus nous ont révélé (et continuent de nous révéler) d'importants fragments[3]. Bien que de l'individu on ne sache à peu près rien, le plus connu des Épicuriens romains reste évidemment Lucrèce, grâce à son remarquable poème *Sur la nature (De rerum natura)*, auquel il m'arrivera de faire référence pour souligner quelques parallèles, ou signaler quelques compléments aux développements théoriques d'Épicure.

Formation philosophique d'Épicure

Épicure semble avoir commencé à philosopher très tôt, à douze ou quatorze ans, selon ses dires[4]. N'avait-il pas embarrassé ses maîtres en leur demandant de lui expliquer d'où provenait le Chaos primordial qu'évoque Hésiode au début de la *Théogonie* ? En outre, c'est par une position critique radicale à l'égard des autres philosophies, ainsi que par

---

1. « jour » désigne par métaphore la vie entière.
2. D.L., X, 22.
3. Sur l'œuvre de Philodème et le milieu épicurien à Rome, on peut consulter M. Gigante, *La bibliothèque de Philodème et l'Épicurisme romain*, Collection d'Etudes anciennes n° 56, Paris, Les Belles Lettres, 1987.
4. D.L., X, 2 et 14.

la prétention à être un autodidacte, qu'Épicure se distingue. Avec malignité, les biographes ne manquent pas de relever qu'il suivit pourtant les cours de plusieurs maîtres, dont il aurait voulu dissimuler après-coup l'importance. Il sera précieux de revenir sur la signification de cette auto-formation revendiquée, qui n'a manifestement pas été comprise par les biographes, pas plus que par de nombreux Modernes ; mais auparavant, c'est le trajet philosophique d'Épicure avant l'épicurisme qu'il faut rapidement esquisser, puisqu'il a, pour commencer, suivi les enseignements de plusieurs écoles, sans se fixer à l'une d'entre elles. De cette formation philosophique variée, qui lui a permis d'élaborer sa position propre, je rappellerai les trois références majeures[1].

Les Platoniciens

Diogène Laërce et Cicéron mentionnent Pamphile, un platonicien dont Épicure reconnaît lui-même avoir suivi les cours dans la cité où il a grandi :

« Il dit qu'il a été l'auditeur d'un certain Pamphile à Samos [...] Mais il est incroyable de voir à quel point Épicure méprise ce platonicien : tant il a redouté donner l'impression d'avoir appris quoi que ce soit »[2].

Toujours est-il que Pamphile est sans doute le premier philosophe dont il ait été l'auditeur. Selon Démétrios de Magnésie[3], Épicure aurait aussi suivi les cours de Xénocrate à Athènes : le fait est possible, puisque Xénocrate était à la tête de l'Académie depuis 339 ; mais cette affirmation isolée reste fragile, et Épicure s'en est lui-même défendu[4].

En tout état de cause, Épicure a reçu une formation à la philosophie de Platon, qu'il surnommait « le doré » ; mais sa position propre s'est élaborée et s'est définie en opposition à cette philosophie. Sans compromis possible est la

---

1. À compléter par la lecture de D. Sedley, *art. cit.*
2. Cicéron, *De la nature des dieux*, I, 73 ; pour D.L., cf. X, 14. S'il a entendu Pamphile à Samos, le *terminus ante quem* sera la date à laquelle Épicure dit avoir commencé à philosopher (le plus probablement quatorze ans, soit 327).
3. D.L., X, 13.
4. Cf. Cicéron, *De la nature des dieux*, I, 72.

divergence entre Épicure et les Platoniciens, ceux qu'il sur-
nomme les « flatteurs de Denys ».

Les Aristotéliciens

Diogène Laërce mentionne un aristotélicien, Praxiphane[1]. Cette référence, je l'ai signalé, reste obscure, et l'on
ne sait si Épicure a véritablement polémiqué avec lui ou s'il
a suivi son enseignement, d'autant que Praxiphane semble
avoir eu le même âge qu'Épicure. L'on a du moins une
trace, sur le terrain biographique, de la connaissance directe
reconnue à Épicure, de l'enseignement aristotélicien,
quelque critique qu'il ait pu d'emblée se montrer.

De fait, depuis les travaux d'E. Bignone[2], l'on est devenu
attentif à la polémique anti-aristotélicienne de la part d'Épicure. Mais alors que, selon cet auteur, la polémique
concernait l'œuvre du premier Aristote, celui des dialogues
perdus, on tient aujourd'hui la connaissance d'Aristote pour
beaucoup plus complète. Il est possible, dans un grand
nombre de cas, de montrer une discussion critique avec des
analyses ou des thèses physiques et éthiques issues du
corpus aristotélicien[3].

---

1. X, 13. Cf. p. 9, n. 1.
2. *L'Aristotele perduto e la formazione filosofica di Epicuro,* déjà cité.
3. Un fragment de lettre, d'Épicure ou d'un de ses disciples proches,
fait explicitement référence aux *Analytiques* d'Aristote (fr. 127 Arrighetti). Les premières études qui ont fait apparaître des prises de position
par rapport à l'Aristote des traités conservés dans le *Corpus*, ont été celles
de D.J. Furley, dans *Two Studies in the Greek Atomists* (1967), pour la
Physique, à propos de l'atome et de ses parties, pour *Éthique à Nicomaque*, III à propos du volontaire et de l'involontaire, ainsi que le *Du
mouvement des animaux* et le *De l'âme* ; de P. Merlan, *Studies in Epicurus and Aristotle*, 1960, pour la théorie du plaisir, et de même J.M. Rist,
« Pleasure 360-300 B.C. », *Phœnix*, 28 (1974), p. 167-179, établissant
qu'Épicure a lu *Éthique à Nicomaque*, VII. Mais s'il est vrai qu'Épicure,
sur bien des sujets, est virtuellement critique d'Aristote, on ne doit pas
pour autant supposer une prise de position permanente d'Épicure par
rapport à Aristote, comme le montre A. Laks, dans « Épicure et la doctrine aristotélicienne du continu », *La physique d'Aristote et les
conditions d'une science de la nature*, F. De Gandt et P. Souffrin éd.,
Paris, 1991, p. 181-182.

Les Démocritéens

La dette envers Démocrite est immense, car Épicure est bien d'abord le continuateur de l'atomisme que son prédécesseur a fondé, avant d'en devenir le complet rénovateur. Sur le mode polémique, Cicéron affirme ainsi :

« Qu'y a-t-il dans la physique d'Épicure qui ne provienne de Démocrite ? Car, même s'il a modifié quelques points, ainsi que je l'ai dit un peu plus haut concernant la déclinaison des atomes, pour le reste il dit la même chose : les atomes, le vide, les images, l'infinité spatiale et les mondes innombrables, leur naissance et leur mort, à peu près tout ce qui renferme l'explication de la nature[1] ».

L'existence de Leucippe, le maître de Démocrite, a été mise en doute par Épicure lui-même[2], et à sa suite par certains Modernes. Aristote, dans ses doxographies, parle d'eux le plus souvent ensemble, mais il isole à l'occasion Leucippe. S'il a existé, ce dernier serait né à Milet en 490 av. J.C. (aurait été à peine plus jeune qu'Anaxagore et Empédocle), et aurait ouvert une école à Abdère en 450, dans la patrie de Démocrite.

Démocrite, lui, est né à Abdère vers 460. Les biographes signalent ses voyages en Afrique et dans l'Est, et rapportent son surnom de « Sagesse » (*Sophia*) dû, on peut le supposer, à son savoir reconnu comme prodigieux. Il aurait vécu cent ans, et serait donc mort vers 360.

La liste des œuvres de Démocrite est très importante ; ses écrits ont même été groupés en tétralogies, à la façon des dialogues de Platon (par le même érudit, Thrasylle) : des ouvrages d'éthique, des ouvrages de physique : un ouvrage intitulé *Grand Système du monde* (*Megas diakosmos*)[3] ; un autre intitulé *Petit Système du monde* (*Mikros diakosmos*), qui aurait contenu une description de l'origine de la civilisation et de la culture ; des ouvrages de mathématique. Étant donné la difficulté de distinguer l'apport respectif de chaque auteur à l'élaboration de la doctrine atomiste, on attribue à Démocrite, sur lequel nous avons le plus de

---

1. *De la nature des dieux*, I, 26, 73.
2. D.L., X, 13.
3. À moins que Leucippe n'en ait été l'auteur.

témoignages, l'ensemble des informations dont nous disposons[1].

Je m'appuierai seulement ici sur un texte de Sextus Empiricus, permettant de faire apparaître une différence capitale entre Démocrite et Épicure :

« les platoniciens et les démocritéens ont pensé que les seules réalités intelligibles étaient vraies (*mona ta noèta alèthè*), mais Démocrite l'a affirmé parce qu'aucune réalité sensible ne subsiste naturellement, étant donné que les atomes qui constituent le tout disposent d'une nature qui est exempte de toute qualité sensible, tandis que Platon a soutenu ce point parce que les réalités sensibles deviennent toujours et ne sont jamais[2] ».

L'association de deux courants philosophiques si dissemblables peut paraître très étonnante, mais le témoignage est plein d'intérêt : pour Démocrite, l'existence des natures ou substances est déduite rationnellement, elle ne dérive pas de la sensation, elle ne semble pas produite par induction. Il existe donc une rupture entre la connaissance authentique de l'intellect, et la connaissance obscure des sens[3] – en cela l'atomisme de Leucippe et de Démocrite apparaît fort éloigné de la position épicurienne. Le premier atomisme est le fruit d'un dialogue étroit avec l'éléatisme. Aristote et à sa suite les doxographes de l'Antiquité, classant les opinions philosophiques et les Écoles, ne s'y sont d'ailleurs pas trompés, en dérivant l'atomisme de l'éléatisme. Parménide, à côté de la voie de la vérité, celle de l'identité de l'être et de la pensée, et de la voie interdite du non-être, n'accepte-t-il pas de déployer une troisième voie, celle de l'opinion ? La deuxième partie de son *Poème* ne donne-t-elle pas lieu à une réflexion sur l'organisation de la *phusis* ? La position d'une ontologie forte, le statut problématique du discours sur la *phusis* et le devenir, autant de questions cruciales de l'éléatisme qui ont nourri la réflexion de Démocrite. À la suite des Éléates, le débat a essentiellement tourné autour du statut du vide, et du

---

1. Une hypothèse parmi d'autres serait que Leucippe a formulé les principes, tandis que Démocrite aurait surtout développé les explications particulières.
2. *Adversus mathematicos*, VIII, 6 (68 A 59 DK)
3. Cf. fr. B11 DK.

mouvement. Et ainsi, l'ontologie de Démocrite est au total opposée à celle de Parménide, puisque celui-là a entrelacé dans sa cosmologie l'être et le non-être, c'est-à-dire les atomes et le vide : le non-être qui n'est pas un absolu non-être, qui a une existence, le mouvement qui est réellement. Il y a là du reste une différence importante avec Épicure également, qui ne tend pas à identifier le vide au non-être, mais affirme uniquement son être réel, au même titre que les corps atomiques.

L'œuvre de Démocrite, largement naufragée, éclipsée par celle de Platon[1], est ainsi d'une grande importance historique : elle est l'aboutissement des développements de la physique présocratique, et Démocrite est celui qui, à la suite d'Anaxagore et Empédocle, s'est opposé décisivement à la position ontologique des Éléates, et à leurs multiples apories sur la réalité du devenir et du mouvement. Sa physique est fortement structurée par les principes des atomes et du vide, sa cosmologie solidement articulée[2].

La postérité de Démocrite a eu tendance à évoluer vers des positions scepticisantes. C'est d'ailleurs ainsi que l'on a souvent interprété la théorie de la connaissance de Démocrite lui-même, en raison du discrédit porté contre les sens, du doute exprimé sur la possibilité de découvrir les explications causales correctes[3]. Mais Démocrite s'est efforcé de répondre positivement à cette exigence de connaissance, qui s'est traduite dans l'élaboration de la doctrine atomiste. En revanche, ce que nous savons de Nausiphane, tenu par la tradition à la fois pour l'élève de Démocrite et de Pyrrhon, et présenté comme un promoteur de la rhétorique, correspond à une orientation sceptique avouée. Précisément, Nausiphane fut un

---

1. Signalons que le soupçon est né dès l'Antiquité d'un plagiat de Démocrite par Platon, ou du moins d'emprunts importants que ce dernier lui aurait faits (c'est en particulier le *Timée* qui est visé). Le bruit selon lequel Platon avait tenté de faire brûler les œuvres de Démocrite a même couru ; cette rumeur est évidemment malveillante, mais le fait est que de son œuvre considérable il ne reste presque rien.

2. Une étude très complète des témoignages relatifs à la physique de Démocrite a récemment fait l'objet d'une thèse soutenue en Sorbonne le 15 janvier 1994, par Pierre-Marie Morel, et encore inédite : *Aitiologia, Démocrite et la recherche des causes. Étude sur la physique démocritéenne et sa doxographie.*

3. D'où peut-être cet autre surnom de « Rieur » (*Gelasinos*).

des maîtres d'Épicure[1], renié par ce dernier ; mais c'est par lui au moins qu'il a eu accès à la philosophie démocritéenne, et sans doute aussi pyrrhonienne.

Épicure doit certainement beaucoup à Démocrite, et l'on ne peut faire de ce dernier un adversaire philosophique, même s'il le critique ; bien différent en revanche est le cas, dont je vais reparler, de ce démocritéen dévoyé, aux inflexions sophistico-sceptiques, qu'est Nausiphane.

Ainsi, Épicure se situe par sa formation au croisement de plusieurs courants : par ses convictions, il penche du côté de l'atomisme, tout en découvrant ses faiblesses, à travers les critiques d'Aristote ; s'il reprend l'atomisme, ce sera à condition de le réformer, de le refonder. Sa philosophie sera dogmatique contre les Sceptiques de tous bords : il est possible de connaître, et il y a des propositions irréfutables[2] ; contre le dogmatisme (platonicien avant tout), il pourra passer pour un sceptique, pour autant qu'il refuse de rien assurer qui ne puisse s'accorder avec les données des sens. En réalité, l'épicurisme est une philosophie qui mérite d'être qualifiée de critique, une philosophie qui s'interroge sur les fondements de la connaissance, d'un savoir possible, en vue de réaliser le bonheur véritable. C'est la nature de ce « criticisme » que l'on doit s'efforcer de mieux comprendre[3].

---

1. Cf. 75 A 1, 3, 5, 6 DK.

2. Le sage « formera des opinions et ne restera pas dans le doute », lit-on dans D.L., X, 121 b.

3. Kant ne s'y est pas trompé, qui a même vu dans l'épicurisme, en opposition au platonisme, la philosophie antique, figure de l'empirisme, qui avait le plus contribué au progrès du savoir spéculatif, en imposant à celui-ci de ne pas transgresser les limites de l'expérience (*Critique de la Raison Pure*, A 472/B 500, trad. Tremesaygues-Pacaud, Paris, PUF, 1944, p. 363). Si je parle ici d'un « criticisme » épicurien, ce n'est évidemment pas pour faire d'Épicure l'ancêtre de Kant, puisque aussi bien ce que Kant reproche à Épicure, c'est, après être allé très loin dans l'investigation théorique, d'avoir échoué sur la morale. On notera toutefois cette remarque dans la *C.R.P.*, sur la question de « savoir si Épicure a jamais avancé ces principes en qualité d'affirmations objectives. Si, par hasard, ils n'étaient autre chose que des maximes de l'usage spéculatif de la raison, il aurait montré en cela un esprit plus véritablement philosophique qu'aucun des sages de l'Antiquité » (A 471/B 499, *op. cit.*, p. 362-363).

Épicure « autodidacte » : sur la culture, l'éducation et la philosophie

Sextus Empiricus, au début de son traité contre les Dogmatiques, associe Épicuriens et Pyrrhoniens pour leur commune attaque contre les sciences[1]. Puis il les sépare, et présente successivement les raisons que l'on peut avancer en faveur d'une telle position critique, tant du côté épicurien que du côté pyrrhonien. S'agissant d'Épicure, aucun des motifs susceptibles d'expliquer son mépris des sciences n'est présenté avec bienveillance. Le dernier argument, de loin le plus développé, est *ad hominem*. Sextus Empiricus rapporte en effet des éléments biographiques relatifs aux démêlés de Nausiphane et d'Épicure, qui avait suivi son enseignement. L'anecdote pose de délicates questions sur la relation d'Épicure à Nausiphane, tenu par la tradition tantôt pour un élève de Démocrite, tantôt de Pyrrhon ; mais elle permet surtout à Sextus de contester la prétention d'Épicure à être autodidacte :

« (…) Et il n'est pas impossible que cela tienne à sa haine pour Nausiphane, qui avait été l'auditeur de Pyrrhon ; car cet homme rassemblait autour de lui un grand nombre de jeunes gens et s'occupait avec grand intérêt des disciplines d'enseignement, en particulier la rhétorique. Il est bien certain qu'Épicure a été son élève, mais pour apparaître comme un philosophe autodidacte, qui s'est formé naturellement, il l'a nié à toute force ; et il a tout fait pour effacer la réputation de celui-ci, sans manquer une occasion de condamner les disciplines dans lesquelles on le célébrait. C'est ainsi qu'il écrit dans sa *Lettre aux amis de Mytilène* :

''Je crois pour ma part que les pleurnicheurs me font passer pour l'élève de la Méduse parce que je suis allé l'écouter au milieu d'une bande de gamins à la gueule de bois.''

Il y appelle Nausiphane « Méduse », parce qu'il est insensible. Et à nouveau, dans la suite, après avoir raconté en détail bien des choses sur l'homme, il fait allusion à son niveau dans les disciplines d'enseignement :

---

1. *Adv. math.* I, 1-3 (= Nausiphane 75 A 7 DK ; cf. 227 et 114 Us.).

"C'était vraiment un homme de piètre valeur, et il se consa-
crait à des sujets qui ne permettent pas de parvenir à la
sagesse'',

allusion aux disciplines qu'il enseignait[1]. »

Bien des remarques seraient à faire sur Nausiphane, mais
le plus important est ici d'examiner la portée de cette
expression de « philosophe autodidacte, qui s'est formé
naturellement » dont est crédité ironiquement Épicure. Un
deuxième texte confirme du reste cette prétention, dénoncée
par Sextus Empiricus, d'un Épicure qui se serait formé tout
seul. Diogène Laërce rapporte en effet les propos mêmes
d'Épicure :

« De lui, Apollodore dit dans ses *Chroniques* qu'il a été auditeur de Nausiphane et de Praxiphane. Mais lui-même s'en
défend, et dit dans la *Lettre à Euryloque* qu'il a été son
propre auditeur[2]. »

La tradition biographique dit souvent qu'Épicure affecte
de n'avoir rien appris de ses maîtres, par ingratitude, res-
sentiment, bien qu'en fait il tienne d'eux tout ce qu'il sait,
ou bien parce qu'il a progressé. Ainsi, il aurait injurié Nausiphane, à qui il devait son savoir démocritéen ; et d'aucuns,
dans l'Antiquité, partageaient l'opinion exprimée par
Cicéron dans le *De la nature des dieux*, déjà citée[3]. Il serait
ainsi coupable de fausseté et de dissimulation. A l'inverse,
lorsque l'on veut justifier ce jugement, on ne manque pas
de rappeler son rejet de la *paideia* traditionnelle, qui tendrait
à corroborer sa position d'autodidacte proclamé. Mais sous
ce nouvel angle, on n'est pas loin de voir une autre inconséquence, entre cette attitude réformiste d'Épicure, et
l'obéissance, voire la vénération qu'Épicure aurait réclamée
à ses disciples. Est-il besoin de faire observer que tous ces
jugements dépendent des images déformantes (dissimulation, culte de la personnalité) que nous renvoie la tradition
anti-épicurienne ?

1. *Adv. math.*, I, 3 (= 114 Us.).
2. X, 13.
3. I, 26, 73. Cf. au-dessus, p. 13.

Il importe de comprendre ce que signifie le rejet de la *paideia*, afin d'accéder au sens de l'« autodidaxie » épicurienne. La revendication d'Épicure ne laisse supposer de sa part ni une hypocrisie, ni une inconséquence, mais correspond à une position doctrinale très méditée, au point que l'on ne puisse exclure qu'il ait fait lui-même du terme d'« autodidacte » un usage philosophique.

Le rejet de la paideia *et l'apologie de la* phusiologia

Sextus Empiricus, dans le passage cité plus haut, suggérait que le rejet des sciences dissimulait en fait une ignorance (*apaideusia*). Cicéron va dans le même sens :

> « je regrette qu'il n'ait pas lui-même étudié davantage (car tu es bien forcé de reconnaître qu'il est insuffisamment pourvu des connaissances dont la possession vaut aux hommes le titre de savant) ; je regrette aussi qu'il ait détourné les autres de l'étude[1] ».

De fait, Épicure lui-même écrit dans une lettre[2] : « Équipe ton navire, bienheureux, et fuis toute culture. » André Laks commente justement cette formule en disant que le navire est « image du soi, qui sait se soustraire aux perturbations que déchaîne une formation traditionnelle »[3]. On notera également à propos de la *paideia* cet autre fragment de lettre qui se passe de tout commentaire : « Je te tiens pour heureux, Apelle, car pur de toute culture, tu t'es élancé vers la philosophie » (117 Us.).

Il y aurait ainsi un anti-intellectualisme, souvent rapporté par les commentateurs et glosé, que confirmerait la manière même dont Épicure considère les raisons profondes de la recherche théorique, par exemple dans les *Maximes Capitales* XI et XII, ou encore dans la *Lettre à Pythoclès*, § 85-86. Il semble en effet, à lire ces textes, que l'étude de la nature ne se justifie que par sa finalité morale, l'obtention du bonheur, quand Platon pouvait faire de la contemplation

---

1. *Des fins des biens et des maux*, I, VII, 26 ; cf. la réponse plus loin de Torquatus (I, 21, 72 = 227 Us.).
2. Une autre *Lettre à Pythoclès* que celle que nous connaissons, dont l'extrait est aussi cité par D.L., X, 6 (= 163 Us.).
3. « Édition critique et commentée de la "Vie d'Épicure" dans Diogène Laërce (X, 1-34) », dans *Études sur l'Épicurisme antique*, 1, p. 49.

– la *theoria* – la fin de la philosophie à laquelle en droit
rien n'échappait, ou Aristote souligner que la philosophie
est à elle-même sa propre fin, qu'elle est la seule science
désintéressée, naissant, chez les premiers philosophes, de
l'étonnement, relevant en un mot d'un désir naturel de
savoir [1]. Mais pour l'un comme pour l'autre, l'idéal intellectuel est aussi un idéal de vie, de bien-vivre, et il n'est
besoin que de se référer à l'enseignement de Socrate tel que
Platon l'a repris, prolongé et assimilé, pour se persuader
aisément que ce dernier fait d'abord de la philosophie la
recherche de la vie bonne et juste [2]. De même, Aristote, dans
l'*Éthique à Nicomaque*, identifie le bonheur parfait à l'activité théorétique [3].

Or, à supposer qu'Épicure se distingue par le fait d'avoir
relativement dévalorisé le désir de savoir pour ne reconnaître comme désir véritablement premier que le désir
d'être heureux, ce serait une erreur de trop insister sur le
caractère conditionnel de la liaison savoir-bonheur : on
n'étudierait que pour accéder au bonheur. Le savoir, certes,
n'est que la condition du bonheur, mais c'est en vérité une
condition nécessaire, comme l'indique la *Maxime Capitale*
XII :

> « Il n'est pas possible de dissiper ce que l'on redoute dans
> les questions capitales sans savoir parfaitement quelle est la
> nature du tout – au mieux peut-on dissiper quelque inquié-
> tude liée aux mythes ; de sorte qu'il n'est pas possible, sans
> l'étude de la nature, de recevoir en retour les plaisirs sans
> mélange. »

Les craintes évoquées ne surgissent pas de façon
contingente : tout homme les éprouve, et pour parvenir au
bonheur, il faut surmonter les peurs, en se rendant capable
d'une authentique étude de la nature. C'est même par la
possession effective de cette dernière que l'on pourra

---

1. Cf. *Métaphysique*, A 2, 982 b 11-12, et A, 1, 980 a 21.
2. Parmi bien des passages, l'on peut penser au *Banquet*, 204 a et suiv.,
où se confondent *erôs* et philosophie ; c'était déjà le cas de *philia* et philosophie dans le *Lysis*, 218 a-c.
3. Spécialement X, 7, 1177 b 16-26.

éprouver des plaisirs sans mélange : il faut donc reconnaître que la vie la plus plaisante et heureuse est la vie de savoir.

Précisément, dans la *Sentence vaticane* 45, Épicure oppose nommément la « physiologie », l'étude de la nature, à la culture-*paideia*. C'est le point essentiel : il ne s'agit évidemment pas de supprimer tout programme de formation, par ignorance ou apologie de l'ignorance, mais de renoncer à l'apprentissage d'une culture qui prépare avant tout à des effets rhétoriques, aux activités politiques[1], pour faire prévaloir une méthode d'éducation véritable de soi, qui doit se définir et prendre forme par rapport à la nature. Ceci donne sens au deuxième qualificatif d'Épicure dans le texte de Sextus, « philosophe autodidacte, qui s'est formé naturellement » (*autophuès*).

La nécessité d'une *paideia* est philosophiquement justifiée par Platon, et de manière plus développée encore, par Aristote. Platon, dans la *République*, démontrait le caractère indispensable d'une formation des gardiens, par la musique et la gymnastique (l.III), et des philosophes proprement dits par des disciplines plus élevées : l'arithmétique, la géométrie, l'astronomie (l.VII) ; ainsi, le philosophe est préparé à l'acquisition de la science suprême, la dialectique, qui nous fait connaître les Formes intelligibles elles-mêmes. L'idée de *paideia* prend plus d'importance encore pour Aristote, pour qui aucun domaine de la culture n'est à rejeter, et qui prend même le soin de distinguer entre culture partielle (dans un domaine, un art) et culture totale, universelle, lesquelles sont toutes deux distinguées de la science, de la connaissance proprement dite (*epistèmè*)[2]. La science seule permet de parvenir à l'exactitude, mais la culture permet d'aborder correctement la « méthode » de la science (*tropos*) ; en cela elle est nécessaire :

1. Il n'est pas sans intérêt de remarquer que Platon, en *République*, VI, 495 b-c, déplore lui aussi cette invasion de la philosophie par des individus peu scrupuleux, proches de la sophistique, qui la discréditent. Mais évidemment, pour lui, il y a une nécessité d'aller vers la politique, de même qu'il s'attachera à définir une rhétorique « philosophique ».
2. Voir *Politique*, III, 1282 a 3 ss., et *Éthique à Nicomaque*, I, 1094 b 27 ss.

« C'est pourquoi il faut déjà être cultivé pour savoir quelles exigences on doit apporter en chaque espèce de science, car il est absurde de chercher en même temps la science et la méthode de la science ; car aucun de ces deux objets n'est facile à saisir[1]. »

C'est d'ailleurs pour cette raison aussi que le philosophe selon Aristote doit partir d'opinions, ou « idées admises »[2] : par la méthode dialectique en effet, 1) l'on s'exerce à raisonner, 2) l'on peut communiquer avec autrui, discuter avec le non-philosophe, modifier ses convictions, 3) l'on a un moyen d'atteindre les « connaissances de caractère philosophique », en s'entraînant à distinguer le vrai du faux, et surtout en accédant à partir des idées admises aux « notions premières de chaque science » (les principes), par induction[3]. En cela, la fonction de la dialectique (très différente de celle de Platon, puisque Aristote lui assigne pour but de produire des déductions partant d'idées admises, cf. *Topiques*, I, 1, 100 a 29-30), est assez proche de celle de la *paideia*.

Dans sa critique de la culture, Épicure a précisément en vue la perspective d'un enseignement général, à visée universelle, qui serait propédeutique à la philosophie, et nourrirait les jeunes gens de savoirs multiples diversement assurés. Si l'on doit trouver un prédécesseur à Épicure dans cette voie, il faudrait penser à Héraclite[4]. Pour Épicure, une telle propédeutique n'existe pas : à cet égard, il rejette tout autant la *paideia* que la rhétorique et la dialectique, c'est-à-dire tout à la fois Platon, Aristote et les Sophistes : la philosophie ne peut pas être faite de morceaux rassemblés, elle est absolument une, elle doit être en acte, et relève d'une démarche intellectuelle qui ne peut s'accorder avec la recherche indéfinie de préalables ; elle doit partir du plus

---

1. *Métaphysique*, II, 995 a 13 ss. ; trad. I. Hadot, dans *Arts libéraux et philosophie dans la pensée antique*, Paris, 1984, p. 20. Cf. aussi le début des *Parties des Animaux* (I, 1, 639 a 1-12).
2. Selon la traduction par J. Brunschwig de *ta endoxa* dans son édition : Aristote, *Topiques*, t. I, livres I-IV, C.U.F., Paris, 1967 ; cf. n. 3, p. 113-114.
3. C'est ce qu'expose *Topiques*, I, 2.
4. Cf. le fr. B 40 DK.

simple, s'élaborer à partir du donné. C'est pourquoi Épicure lui-même doit accomplir un acte fondateur, initiateur, et donc de rupture, en devenant autodidacte, il est celui qui le premier a su être son propre auditeur ; c'est pourquoi ensuite il doit enjoindre ses disciples de se remémorer les maximes fondamentales pour parvenir à un résultat similaire. Ici, comme en tout, Épicure applique donc le principe d'économie : la formation des individus doit se faire en allant à l'essentiel, droit au vrai.

Autodidaxie et formation philosophique

Si l'on peut douter qu'il se soit lui-même qualifié d'autodidacte, du moins le passage de la *Lettre à Euryloque* déjà mentionné indique sans ambiguïté qu'Épicure déclarait avoir été son propre auditeur. Le souci épicurien de reprendre le langage courant, en lui donnant son sens plein, « physiologique », pouvait bien l'avoir conduit à reprendre le qualificatif d'autodidacte pour renvoyer à une exigence fondamentale d'auto-formation. Cela étant, Diogène Laërce qualifie aussi Héraclite d'autodidacte[1].

Qu'Épicure se soit voulu autodidacte est donc à interpréter en dehors de tout contexte polémique, comme l'expression propre de ce que doit être la philosophie, dans sa recherche d'une fondation radicale : loin de vouloir cacher qui furent ses maîtres, ou de masquer en fait sa propre ignorance (ignorant la *paideia*, il l'aurait déclarée sans valeur, promouvant sa doctrine), Épicure s'efforce d'exprimer par ce qualificatif l'idée que la vérité philosophique qu'il découvre (à partir de la sensation) doit être vécue par le sage, physiquement, c'est-à-dire sensiblement, et intellectuellement, dans une coïncidence de soi avec soi : *auto-didaktos*, et non pas appréhendée seulement par transmission, sur un mode purement intellectuel, dialectique. Le soi connaissant doit correspondre au soi vivant : le soi n'est connaissant qu'en vue de sa vie.

Épicure est donc autodidacte de manière essentielle, mais tout épicurien peut en droit être un autodidacte, étant instruit

---

1. IX, 5.

par celui qui a refusé l'illusion du savoir cumulatif. La *Sentence Vaticane* 45 prend ainsi toute sa valeur :

> « Elle ne forme ni des vantards, ni des fabricants de formules, ni des individus exhibant la culture convoitée du grand nombre, l'étude de la nature, mais des hommes vifs, qui se suffisent, et fiers des biens qui leur sont propres, non des biens d'occasion. »

On pourrait également se souvenir de l'appréciation qu'Épicure est supposé avoir porté sur ses disciples les plus proches, selon Sénèque (*Lettre à Lucilius*, LII). A la suite d'Épicure, Sénèque distingue Hermarque de Métrodore, et les deux d'Épicure lui-même. Ce dernier incarne le type de celui qui découvre la vérité tout seul : « il dit qu'il a su lui-même se tracer sa voie. Il réserve tous ses éloges à ceux qui ont su trouver en eux la vigueur nécessaire et se sont faits eux-mêmes » ; le second type, celui qui sait suivre le découvreur, le guide, correspond à Métrodore ; le troisième est celui que l'on doit mettre sur la bonne voie, et qui a besoin d'être encadré, tel Hermarque : « ceux que l'on peut contraindre et pousser au bien ; ceux-là, il faut, non seulement les guider mais les aider et, pour ainsi dire, les pousser l'épée dans les reins ». Ainsi, Métrodore apprend en suivant directement le découvreur ; mais une fois guidé, Hermarque parvient finalement à une compréhension tout aussi profonde.

L'imagerie négative de la tradition anti-épicurienne conduit à se représenter les disciples ânonnant, sans nécessairement comprendre, les formules du Maître. Mais lorsqu'on lit dans Diogène Laërce rapportant Dioclès : « il entraînait même ses disciples à garder en mémoire ses propres écrits » (X, 12), ceci renvoie évidemment à l'exercice de remémoration des maximes fondamentales, des résumés et abrégés, et non à l'apprentissage par cœur des grands ouvrages. En effet, ainsi qu'il l'explique dans l'introduction de la *Lettre à Hérodote* (§ 35-36), la possession correcte des principes fondamentaux permet de reconstituer les applications particulières, les raisonnements contrôlés par le bon usage des critères, et les règles de validation des énoncés (infirmation, non-infirmation).

La philosophie est discipline de vie, et elle suppose comme sa condition indispensable l'exercice intellectuel. Par la maxime, le maître épargne au disciple son propre cheminement en dehors du vrai, dans la forêt des « opinions vides[1] », il le conduit directement et l'aide à avancer dans cette voie de vérité que délimite dès l'abord le *tetrapharmakos*. Bien entendu, la maxime peut être développée, discutée, et tout épicurien véritable doit pouvoir la justifier. Le façonnement de maximes illustre ainsi le principe d'économie défendu par Épicure : il a lui-même recherché un style clair, précis et sans fioritures, personnel en raison de cette simplicité[2] ; la maxime est conçue en opposition à la recherche d'un effet rhétorique, dénoncé comme pur effet de langage, dénué de tout pouvoir de transformation de soi, ce qu'Épicure critique dans l'enseignement de Nausiphane. On est finalement plus proche de la réalité de l'enseignement épicurien avec cette maxime citée par Sénèque : « Agis en tout, comme si Épicure te regardait »[3]. Les maximes renvoient à une attitude, théorique et pratique, qu'il s'agit à son tour d'adopter. C'est donc le sens même de la doctrine que de se rendre autodidacte, pleinement autodidacte, car de fait chacun, sur la voie de la philosophie, commence par être autodidacte. Comme nous le rapporte aussi Sextus dans un autre passage[4], selon les Épicuriens, le jeune enfant poursuit le plaisir et fuit la douleur « naturellement et sans enseignement » (*phusikôs kai adidaktôs*). C'est cette spontanéité, cette orientation instinctive vers le bien, qu'il s'agit de prolonger, de préserver.

Parce qu'il y a une « adidaxie » originelle, chaque être poursuivant spontanément son bien et fuyant ce qui lui nuit, le philosophe sera nécessairement autodidacte, par définition. Mais se vouer à l'autodidaxie ne signifie pas s'isoler, se retrancher : l'enseignement de soi par soi-même, c'est l'enseignement de la nature au sens objectif et subjectif – l'enseignement par ce qu'il y a de naturel en soi, sans la médiation de la culture, mais au moyen du raisonnement

---

1. *M.C.* XXX.
2. D.L., X, 13.
3. Sénèque, *Lettre à Lucilius*, XXV, 5 (= 211 Us.).
4. *Adv. math.*, XI, 96.

capable d'articuler correctement les données sensibles. Aussi la pratique commune du raisonnement, à condition qu'elle porte sur les réalités, les *pragmata*, sur les processus naturels, et non sur les mots, ou, comme Épicure le dit, sur des « sons » vides, à condition donc qu'elle soit une vraie discussion (*dialogismos*) et non un exercice dialectique, aide-t-elle le commençant à devenir cet autodidacte qui fera de lui un philosophe accompli.

Certes, Épicure est le premier et le seul véritable autodidacte accompli, ayant su imposer l'exigence de connaissance radicale, ayant mis à nu les fausses opinions, et ayant été le découvreur du vrai. En ce sens, ses suivants ne peuvent devenir des autodidactes qu'en étant disciples d'Épicure. L'aporie est dépassée dans l'amitié : l'autre est un autre soi-même, et l'autodidaxie devient alors « sundidaxie », pour user d'un néologisme calqué sur le grec ; l'autodidaxie conduit même à cette sundidaxie. De fait, la philosophie se définit comme un état où le soi s'accomplit en relation aux autres. Dans le testament d'Épicure, figure d'ailleurs un participe substantivé qu'Épicure semble avoir affectionné (il revient trois fois), et qui exprime cette idée du « philosopher ensemble » : il nomme en effet ceux qui vivent avec lui non des disciples, mais « ceux qui philosophent en commun » (*oi sumphiloso-phountes*)[1]. En effet, comme le dit Diogène Laërce rapportant des préceptes épicuriens : « un sage n'est pas plus sage qu'un autre » (X, 121 b).

La philosophie est définie dans la même perspective :

> « La philosophie est une activité qui procure, par les raisonnements et les discussions, la vie heureuse[2]. »

Raisonnements menés par soi et mis en commun (des *logoi* aux *dialogismoi*), tels sont les instruments du philosophe, pour se guérir des affections de l'âme : « vide est le raisonnement du philosophe qui ne guérit aucune affection de l'âme ; car, de même que l'on n'a nul besoin d'une médecine qui n'élimine pas les maladies du corps, ainsi de

---

1. Diogène Laërce, X, 16-21.
2. Selon Sextus Empiricus qui le cite (*Adv. math.*, XI, 169 = 219 Us.).

la philosophie, si elle n'élimine pas l'affection de l'âme[1] ». Ainsi gagne-t-il l'activité philosophique, cette activité curative à laquelle Épicure enjoint chacun de s'exercer au début de la *Lettre à Ménécée* :

> « Que personne, parce qu'il est jeune, ne tarde à philosopher, ni, parce qu'il est vieux, ne se lasse de philosopher ; car personne n'entreprend ni trop tôt ni trop tard de garantir la santé de l'âme. Et celui qui dit que le temps de philosopher n'est pas encore venu, ou que ce temps est passé, est pareil à celui qui dit, en parlant du bonheur, que le temps n'est pas venu ou qu'il n'est plus là. De sorte qu'il faut philosopher lorsqu'on est jeune et lorsqu'on est vieux, dans un cas pour qu'en vieillissant l'on reste jeune avec les biens, par la reconnaissance que l'on ressent pour ce qui est passé, dans l'autre cas, pour que l'on soit à la fois jeune et vieux en étant débarrassé de la crainte de ce qui est à venir. »

C'est de vivre en philosophe, et pas seulement de raisonner, qu'il s'agit dans l'acte de philosopher. Aussi est-il remarquable qu'Épicure décompose la *philosophia* en ses deux concepts constitutifs : *sophia* et *philia*, comme cela ressort de la *Sentence Vaticane* 78 :

> « L'homme noble devient véritablement tel en s'attachant à la sagesse et l'amitié ; en elles, il y a d'une part un bien de la pensée, de l'autre, un bien immortel. »

Dès lors, la philosophie n'est pas tant le désir de savoir que la vie heureuse par l'effet conjugué de la connaissance – *sophia* – et de l'amitié – *philia*. Et l'une conduit à l'autre, et vice-versa : la *sophia* comprend que la *philia* est aussi sa vérité, et la *philia* n'est authentique que si elle est liée à la *sophia*.

L'amitié sert la vie heureuse et la récompense : le sage vit dans le plaisir de l'échange et de la recherche en commun ; il est d'ailleurs *philo-logos* autant que *philo-sophos* :

> « Dans la recherche commune des arguments, celui qui est vaincu a gagné davantage, à proportion de ce qu'il vient d'apprendre. » (*Sentence Vaticane*, 74).

---

1. Dans Porphyre, *Lettre à Marcella*, 31, p. 209, 23 Nauck (= 221 Us.).

L'épicurisme n'est pas une philosophie visant un idéal inaccessible : abolissant, au rebours de Platon, l'écart entre *philosophia* et *sophia*, Épicure veut plutôt faire de la philosophie un savoir pratique disponible. Notons-le, il serait toutefois périlleux, et erroné, de la diffuser comme un programme d'enseignement politique, hellénique :

> « Tu es tel en vieillissant que moi j'y exhorte, et assurément tu sais ce qu'est philosopher pour soi et ce qu'est philosopher pour la Grèce : je partage ma joie avec toi » (*Sentence Vaticane*, 76).

Il faut philosopher pour soi, alors même que l'on est dans le commerce de l'amitié (la formule est adressée personnellement) : ainsi vit l'Épicurien, comme Épicure, en autodidacte qui a appris comment philosopher pour soi, et comme lui aussi, en ami qui partage sa joie. Et cette joie est le signe de la plénitude atteinte par le sage dans sa vie.

Méthode et fin de la philosophie

1. *Théorie et pratique*

Selon Diogène Laërce, trois parties constituent la philosophie épicurienne (X, 29) : la physique, l'éthique et la canonique. Il sera question de cette dernière plus loin, mais il importerait pour commencer, à la lumière de ce qui précède, de situer la relation de la physique et de l'éthique.

La physique, qu'Épicure appelle *phusiologia*, « étude de la nature », comme on l'a vu[1], a pour fin l'obtention de l'ataraxie, c'est-à-dire l'absence de trouble, dont la face positive est la « paix de l'âme » promise par la *Lettre à Hérodote* (§ 37). La physique est donc en ce sens subordonnée à l'éthique. Ce serait pourtant une erreur de la juger secondaire : l'éthique consiste en l'étude des conditions permettant de réaliser le souverain bien, le bonheur. De ce fait l'éthique, pour Épicure, ne vient pas après l'étude de la nature, pour la parachever, mais elle l'inclut comme sa

---

1. L'on peut préférer la traduction par « science de la nature », mais Épicure évite soigneusement l'emploi d'*epistèmè*, et cela suffit à expliquer le choix de traduction.

pièce maîtresse, car l'étude de la nature rend possible le principal, qui est l'apaisement des troubles de l'âme.

Mais l'étude de la nature n'est pas à elle seule l'éthique. Celle-ci explore évidemment l'ensemble des éléments déterminants en vue de la réalisation du bonheur. Elle traduit donc pratiquement les résultats de l'étude de la nature, elle en fait des préceptes, qui atteignent et traitent au sens médical les parties de l'homme qui sont à soigner : l'âme, et ses troubles, mais aussi le corps, dont les douleurs ne doivent pas entraver la paix que vise l'âme. L'âme et le corps sont solidaires évidemment, ainsi que l'étude de la nature nous le montre. S'occupant de l'un, l'on ne peut que s'occuper de l'autre.

La nouveauté de la démarche d'Épicure, c'est cette manière de finaliser l'étude de la nature, de voir en elle l'élaboration active de la fin éthique[1] ; c'est ensuite de parvenir à rendre la doctrine éthique accessible au plus grand nombre.

Sans les confondre, Épicure s'attache toutefois à penser indissociablement être et valeur, la connaissance de ce qui est conduisant à un mode d'existence qui devrait lui être strictement accordé. Serait-ce qu'Épicure nous fait régresser vers un naturalisme éthique dont nous avait dégagé Aristote ? Ce serait le cas si l'épicurisme promouvait un matérialisme radical. En fait, Épicure a cherché à produire, en vue de la paix de l'âme, un discours vrai, fondé sur les évidences ; sa recherche, critique et nuancée, est étrangère à tout réductionnisme.

Ainsi l'analyse éthique ne se fonde pas sur des principes réduisant le comportement du vivant à une mécanique : l'éthique ne peut être fondée que sur un principe autonome de l'action, un sujet responsable, susceptible d'imputation. C'est d'ailleurs son absence qu'Épicure regrette dans des doctrines physiques, auxquelles, pour d'autres raisons, il doit tant (Démocrite). Comme ses positions physiques, l'éthique d'Épicure suppose donc à la fois la référence aux pré-platoniciens, et la prise en compte des positions de Platon et d'Aristote – voire celle même de Socrate, pour

1. La recherche physique n'est pas abandonnée : l'exigence théorique n'est pas moins grande chez Épicure que chez ses prédécesseurs.

autant qu'on puisse isoler cette dernière. Il y a de fait chez
Épicure une position assez proche de ce que l'on appelle
fréquemment l'intellectualisme de Socrate – cette idée que
la volonté se détermine à agir en fonction de représentations, et que ces représentations ne sont pas si fortes qu'elles
ne puissent être modifiées par des raisons plus fortes.
Qu'une cohérence des pensées et des actes soit exigée, c'est
ce que pense profondément Épicure : voilà pourquoi
l'entrée en philosophie passe par une réforme de la pensée
et de l'agir ; ainsi que le montre la *Maxime Capitale* XXV,
le non-philosophe est en désaccord avec lui-même, ses actes
avec ses représentations.

2. *Le Canon, ou les instruments du savoir* *(de « ce qui apparaît » à « l'inévident »)*

« Canonique » vient du mot Canon, par lequel Épicure
avait intitulé un de ses ouvrages, *Sur le critère, ou Canon*
(X, 30), consacré à l'exposition de sa gnoséologie. Le canon
est l'instrument de mesure, initialement le fil à plomb
qu'utilisent les maçons. Par différence avec la physique et
l'éthique, il revient à la canonique de livrer les instruments
de la connaissance, telle qu'elle opère dans des conditions
concrètes d'effectuation, pour un homme tout à la fois
vivant, sentant, et raisonnant, et non d'un point de vue seulement formel. Sextus Empiricus explique ainsi : « ils
considèrent pour commencer les éléments de la canonique,
menant la recherche sur les réalités évidentes et inévidentes,
et ce qui leur fait suite »[1].

La canonique est-elle, comme le dit Diogène Laërce, une
véritable partie de la philosophie ? Elle doit être du moins
intimement liée à la physique et à l'éthique : comme la connaissance physique est tout entière liée au projet éthique, la
canonique énonce les instruments qui permettent à la connaissance physique, la physiologie, de se constituer comme
telle. En outre, la canonique, par une partie d'elle-même, est
directement liée aux postulats éthiques. C'est ainsi qu'à la
différence de Diogène Laërce, Sénèque affirme qu'il n'y a

---

1. *Adv. math.*, VII, 22 (242 Us.).

que deux parties de la philosophie, la physique et l'éthique, tandis que la canonique est un appendice de la physique[1]. On pourrait penser que cette subordination cherche à traduire le refus épicurien de la logique proprement dite. Or, la canonique n'est pas un simple substitut à la logique ; elle joue effectivement un autre rôle que cette dernière, car elle présente une théorie empirique de la connaissance, et non une théorie formelle du raisonnement. Ainsi, elle ne peut pas être aussi nettement séparée de la physique que l'est la logique dans le système d'Aristote[2].

La question de la connaissance est abordée à partir du premier acte de connaissance indubitable, la sensation. Cela suppose un renversement principiel de la position platonicienne, selon laquelle la sensation ne peut prétendre être la connaissance, mais lui est hétérogène en raison de son inexactitude, des erreurs qu'elle suscite[3]. L'orientation fondamentalement génétique de la philosophie épicurienne fait que ce que la recherche privilégie, est l'analyse des réalités en fonction de leur processus de constitution ou de formation. Épicure refuse tout postulat ontologique, qui reviendrait pour lui à placer à l'origine de la connaissance ce qui n'est qu'un acte de foi, la croyance en des principes connus préalablement à toute démonstration et sans l'intermédiaire des sens. Le refus de l'existence d'une chose en soi apparaît clairement dans la *Maxime Capitale* XXXIII.

Épicure procède ensuite à la distinction des types d'objets auxquels correspondront des modalités de connaissance différentes ; on peut ainsi relever la distinction opérée au début de la *Lettre à Hérodote* (§ 38), entre ce qui est évident et ce qui est inévident. L'inévident dissimule d'ailleurs deux subdivisions successives : il y a ce qui est proprement inévident, et « ce qui est en attente » (*to prosmenon*), c'est-à-dire en attente de confirmation par les données sensibles. L'inévident dissimule une deuxième division, entre ce qui est inévident par nature, et ce qui est

---

1. *Lettre à Lucilius*, 89,11 (= 242 Us.).
2. Sextus Empiricus se fait l'écho de cette hésitation touchant le nombre, deux ou trois, des parties de la philosophie selon Épicure (*Adv. math.*, VII, 14 = 242 Us.).
3. Cf. le *Théétète* de Platon.

inévident par accident. On peut du reste s'appuyer sur un précieux passage de Sextus qui opère une classification tout à fait claire, distinguant[1] :

1. Les objets immédiatement perçus – ils sont connus sans aucune inférence ;

2. Les objets qui ne sont pas immédiatement perçus ; se divisent en :

– a – objets qui ne peuvent jamais être directement perçus ou connus par inférence, par exemple, le nombre des étoiles ;

– b – objets qui ne peuvent jamais être directement perçus, mais qui peuvent être connus par inférence à partir de la perception, comme les atomes et le vide ;

– c – objets qui ne sont pas perçus sur le moment, mais qui peuvent être perçus à un autre moment ou en un autre lieu. Des signes permettent de conjecturer à leur propos (la fumée comme signe du feu ; la cicatrice signe d'une blessure).

3. *Les critères : sensations, prénotions, affections*

Au moment de citer les trois critères du vrai, Diogène Laërce ne dit pas exactement : « les sensations, les prénotions, et les affections », mais : « les sensations *et* prénotions, et les affections » (X, 31), au point que certains modernes ont nié qu'il s'agisse de deux critères distincts[2]. Mais c'est une conclusion excessive, qui bute notamment sur l'analyse du langage[3] : il est bien plus raisonnable de considérer que le critère de la prénotion constitue un élément indépendant et irréductible à la sensation, qui dépend néanmoins de cette dernière pour sa formation. Ceci la distinguerait beaucoup plus nettement des affections, qui renvoient au plaisir et à la douleur. Ou alors, il faudrait aller

---

1. *Adv. math.*, VIII, 316-320 ; *Hypotyposes Pyrrhoniennes*, II, 97-99, avec une variante de ce texte presque identique, *Adv. math.*, VIII, 145-147.

2. Ainsi, D. Furley, *Two Studies*, p. 202-206.

3. Cf. A.A. Long, « *Aisthesis, prolepsis* and linguistic theory in Epicurus », *BICS*, 18 (1971), p. 114-133.

jusqu'à soutenir qu'il n'y a qu'un seul critère, les affections (tout étant affection)[1].

Les sensations

Pour la sensation, il importe essentiellement de s'appuyer sur la présentation de Diogène Laërce (X, 31-32) :

« Toute sensation, dit-il, est dénuée de raison et n'a pas de mémoire ; en effet, elle n'est pas mue par cette dernière, et, si elle est mue par un autre, elle n'est pas capable d'ajouter ou d'ôter quelque chose. Et il n'est rien qui puisse réfuter les sensations. Car une sensation de même genre ne réfutera pas une autre sensation de même genre, en raison de leur force égale, ni une sensation d'un autre genre ne réfutera une deuxième d'un autre genre, car elles ne distinguent pas les mêmes choses, et la raison certes non plus, car toute raison est énoncée à partir des sensations, ni l'une ne réfutera l'autre, car c'est vers toutes que nous sommes tendus. Que les impressions sensibles existent accrédite la vérité des sensations ; car pour nous le fait de voir et d'entendre existe de la même manière que le fait de souffrir.

De là vient aussi qu'en ce qui concerne les réalités inévidentes il faut les rendre manifestes à partir de ce qui apparaît ; de fait, toutes les pensées supplémentaires viennent des sensations, aussi bien par la rencontre, l'analogie, la ressemblance, la composition, ce à quoi le raisonnement apporte aussi sa contribution ; et les images mentales des fous et celles qui surviennent dans les rêves, sont vraies, car elles meuvent. Mais le non-être ne meut pas. »

A ce texte essentiel[2], on peut rajouter cet autre plus bref de Sextus Empiricus non moins significatif :

« Épicure disait que tous les objets de la sensation sont vrais et réels ; car il n'y avait pas de différence entre dire que quelque chose est vrai et qu'il existe. [...] Est vrai ce qui est tel que l'on dit qu'il est ; est faux, ce qui n'est pas tel que l'on dit qu'il est[3] ».

---

1. Pour l'affection, l'on se reportera à l'introduction de la *Lettre à Ménécée*.
2. Je commenterai le deuxième paragraphe de ce passage un peu plus loin, cf. *infra*, 4. La fonction du Canon, p. 41 et suiv.
3. *Adv. math.* VIII, 9 ; cf. aussi VII, 203.

« Vrai » apparaît ainsi comme un prédicat des choses[1], et à cette vérité la sensation nous donne accès, elle qui est le fondement de toute connaissance. La thèse paradoxale soutenue par Épicure est donc que la sensation est toujours vraie, en même temps qu'elle est « dénuée de raison » (*alogos*) comme le dit Diogène Laërce dans le passage cité ; ce dernier point signifie qu'aucun acte rationnel ne vient s'ajouter à la sensation prise en elle-même. Pour présenter complètement ce premier critère, le plus fondamental, il faut s'appuyer sur la physique, et plus spécialement la psychologie. C'est l'analyse physique de l'acte de sensation, de la constitution de l'objet sensible et de l'acte de sensation par le corps sentant, qui permet d'assurer définitivement, du point de vue épicurien, l'affirmation selon laquelle la sensation est toujours vraie. Cela apparaîtra clairement dans l'exposé de la *Lettre à Hérodote* (§ 46-53).

Toutefois, on peut considérer que l'établissement de la thèse selon laquelle toutes les sensations sont vraies, impose en premier lieu d'établir l'inconsistance des thèses adverses : soit 1) que toutes les sensations sont fausses, soit que 2) certaines sont vraies, certaines fausses. À défaut d'une telle critique, la thèse que la connaissance s'appuie sur la sensation n'aurait pas de réelle validité – l'on pourrait toujours la soupçonner d'inconséquence.

La première thèse est critiquée dans la *Maxime Capitale* XXIII, la seconde dans la *Maxime Capitale* XXIV[2].

Comment remettre en cause la validité de la sensation ? On prétend alors se priver du critère qui rend pourtant possible cette affirmation :

> « Si tu combats toutes les sensations, tu n'auras même plus ce à quoi tu te réfères pour juger celles d'entre elles que tu prétends être erronées » (*M.C.* XXIII).

Ceci peut être mis en parallèle avec un passage de Lucrèce[3], critiquant l'attitude sceptique, qui revient à marcher la tête en bas : lui est opposée la vérité irréfutable

---

1. Cf. A.A. Long – D. Sedley, *The Hellenistic Philosophers*, I, p. 85.
2. Ces critiques sont également introduites et développées dans Lucrèce, IV, 469-521.
3. IV, 469-479.

des sens. L'opposition à cette position se justifie non seulement d'un point de vue théorique, mais aussi pratique, ainsi que le montre Lucrèce un peu plus loin[1].

La deuxième thèse est envisagée dans la maxime suivante, XXIV :

> « Si tu rejettes purement et simplement une sensation donnée, et si tu ne divises pas ce sur quoi l'on forme une opinion, en ce qui est attendu et ce qui est déjà présent selon la sensation, les affections et toute projection imaginative de la pensée, tu iras jeter le trouble jusque dans les autres sensations avec une opinion vaine, et cela t'amènera à rejeter en totalité le critère. Mais si tu établis fermement, dans les pensées qui aboutissent à une opinion, aussi bien tout ce qui est attendu que tout ce qui n'attend pas confirmation, tu ne renonceras pas à l'erreur, si bien que tu auras supprimé toute possibilité de discuter ainsi que tout jugement sur ce qui est correct et incorrect. »

Il faut raisonner avec conséquence : mettre en doute une sensation conduit à mettre en doute l'ensemble du critère de la sensation : or, parler d'une sensation vraie ou fausse, c'est en réalité confondre la sensation avec un jugement dont on l'accompagne, c'est donc méconnaître la nature de la sensation. De plus, comme la raison dépend des sens pour sa formation, la fausseté de certaines sensations devrait invalider la raison elle-même[2].

Il resterait que les sens, étant à eux-mêmes leurs propres critères, puissent se corriger entre eux. Cette hypothèse devait être examinée dans le *Canon*, et Diogène Laërce en conserve l'argumentation dans le passage cité[3]. La démonstration de la position inverse se fait par non-infirmation, avec l'appui de l'expérience. Chaque sens possède une sphère de discrimination propre : par exemple, pour la vision, la couleur, pour le toucher, le corps. L'un et l'autre ne sont rapprochés que par analogie : et s'ils ne se réfutent pas, au contraire ils se complètent[4].

---

1. IV, 509-514 : c'est la vie même qui s'effondre, après la raison.
2. Cf. Lucrèce, IV, 484-486.
3. Cf. Lucrèce, IV, 486-499.
4. Cf. Lucrèce, IV, 230-238.

La sensation n'est pas attaquable, puisque la raison même se forme à partir d'elle. Est-ce que l'argumentation est suffisante ? De fait, ce qui a été montré est seulement que l'on ne peut prouver que les sensations sont fausses. Mais il y a deux réponses à apporter : en matière théorique, la non-infirmation d'une thèse et d'une seule équivaut à établir sa vérité. La deuxième réponse est fournie par les faits : notre rapport au monde s'établit d'abord par les sensations, et si nous nions la validité des sensations, nous ne pouvons plus reconstruire théoriquement les conditions de vie réelles du vivant en général et de l'homme en particulier (pensons à la fonction de protection des sensations qui nous informent ; à la constitution du corps propre par les sensations et les affections). C'est d'ailleurs dans cette direction que s'oriente le dernier argument introduit par Diogène Laërce dans le passage cité : avec la mention de l'*epais-thèma*, « l'impression sensible », la sensation, qui nous fait connaître, apparaît comme une donnée aussi intime et irré-futable que les affections. Cette sensation active entre dans la constitution du sujet, et lui fait éprouver au même titre que les affections, ses facultés.

C'est donc à partir des sensations que se constituent les prénotions, littéralement « prolepses ».

Les prénotions (prolepses).

Le terme de *prolèpsis* est un néologisme forgé par Épi-cure, mais repris par les Stoïciens, si bien qu'il est devenu un concept commun aux deux écoles[1]. La prolepse peut apparaître comme une réponse au paradoxe de Ménon exposé dans le *Ménon* (80 d) : comment peut-on chercher à connaître ce que l'on ne connaît pas du tout ? Platon introduit en réponse, et pour la première fois dans son œuvre, l'hypothèse de la Réminiscence. Le principal bénéfice de la théorie de la prolepse est en revanche d'éviter de supposer un monde d'Idées substantielles, existant par elles-mêmes.

---

1. Les Stoïciens la définissent : « notion naturelle de l'universel » (*ennoia phusikè tôn katholou* ; D.L., VII, 54).

On ne saurait donc contester la grande importance de la prolepse, même s'il en est très peu question dans Épicure, et s'il ne nous décrit pas, en particulier dans la *Lettre à Hérodote*, leur mode de constitution. De même, Lucrèce ne semble pas s'intéresser à l'analyse de la prolepse en tant que telle[1]. Mais le témoignage de Diogène Laërce, qui cite le *Canon* ; et de nombreux témoignages épicuriens confirment l'importance de la prolepse. S'il n'y a, dans les lettres et maximes d'Épicure, que quatre occurrences de la notion de prolepse, il faut bien reconnaître que l'on ne peut se dispenser de recourir à la prolepse pour expliquer pensée et parole. Afin d'appréhender la valeur de la prolepse, que l'on rend souvent en français par prénotion[2], il faut donc reprendre le témoignage de Diogène Laërce, ainsi que celui de Cicéron dans le *De la nature des dieux*.

Diogène Laërce la présente ainsi, en X, 33 :

« Quant à la prolepse, ils en parlent comme si c'était une perception, ou une opinion droite, ou une notion, ou une conception universelle que nous avons en réserve en nous, c'est-à-dire la mémoire de ce qui nous est souvent apparu en provenance du dehors, par exemple quand on dit que "l'homme est telle chose". En effet, en même temps que l'on prononce "homme", aussitôt par la prolepse on pense à une image de l'homme, car les sensations précèdent. Et donc pour tout nom, ce qui lui est associé en premier lieu est clair. Et nous n'aurions pas entrepris de chercher ce que nous recherchons, si nous ne l'avions pas connu auparavant, comme lorsqu'on dit : "ce qui se trouve là-bas est un cheval ou un bœuf " ; car il faut par la prolepse avoir connu d'abord la forme du cheval et du bœuf. Et nous n'aurions pas non plus donné un nom à quelque chose si auparavant nous

---

1. Même s'il en fait un grand usage, sous la double transposition latine de *notitia* ou *notities*.
2. C'est Cicéron qui montre la voie : « nous reconnaissons nous aussi que nous avons une anticipation, comme je l'ai dit auparavant, ou encore une prénotion des dieux – il faut en effet pour des réalités nouvelles instituer des noms nouveaux – à la manière dont Épicure lui-même a appelé *prolèpsis* ce qu'avant lui personne n'avait appelé de ce nom-là. » (*De la nature des dieux*, I, 45). Si « prolepse » déroute en français, il ne peut pas dérouter beaucoup plus que le terme grec en grec.

n'avions pas connu son image par la prolepse. Les prolepses
sont donc évidentes. »

Dans ce texte, la prolepse est approchée au moyen d'une
énumération descriptive : la série des quatre termes fournit
plusieurs équivalents qui renvoient à ses caractéristiques
majeures. Il s'agit plus précisément de distinguer quatre
niveaux successifs d'utilisation de la prolepse, et non véritablement quatre types d'usage de la prolepse. En ce sens,
Diogène Laërce n'hésite pas à opérer une retraduction
partielle :

1 – La prolepse est d'abord approchée comme une *perception* (ou encore une appréhension)[1]. C'est une vision
intellectuelle, et cela correspond sans doute assez bien à
l'usage général de la notion dans Épicure : un prolongement de la perception sensible. Par là, il est possible de
dire que la prolepse, comme la sensation, est toujours évidente et vraie, à la différence des opinions (évoquées plus
bas, § 34).

2 – La prolepse est liée au jugement, à la différence de
la sensation, parce que le jugement agence des prolepses.
La prolepse est en ce sens *opinion droite*, bien qu'à strictement parler, une opinion ne soit déjà plus une prolepse (cf.
§ 34) : c'est un usage de la prolepse, avéré, par différence
avec l'opinion non confirmée, et qui en développe le contenu, ou l'applique à telle réalité sensible, comme lorsque
je dis : "ceci est un homme". Ici, l'on insiste donc sur le
fait que la pensée de la chose coïncide avec la chose, sous
la forme d'une identification, par l'image proleptique,
d'une réalité singulière. La prolepse est en fait le canon du
jugement vrai : l'opinion est juste quand elle se conforme
à la prolepse, qui se trouve d'ailleurs, par l'opinion,
renforcée : l'homme est cela que j'ai déjà vu, et encore ceci
que je vois.

---

1. Le terme *katalepsis* est plutôt stoïcien (cf. *S.V.F.* I, 20 pour Zénon,
et II, 30), mais le verbe correspondant, *katalambanein*, est utilisé à propos
de la vision dans un Traité anonyme épicurien sur les sens (Papyrus
d'Herculanum 19/698 ; le texte est reproduit dans A.A. Long – D. Sedley,
The Hellenistic Philosophers, I, 16 C, p. 80) ; l'on trouve d'ailleurs le
verbe employé (*katalabein*), dans la *Lettre à Pythoclès*, § 88. Le terme
connote la justesse, l'adéquation.

Et en fait, l'opinion juste non seulement renforce la prolepse, mais contribue même à en faire émerger de nouvelles, comme dans le cas des prolepses de l'atome et du vide : l'opinion droite fondée sur le raisonnement peut affirmer la justesse d'une prolepse de l'invisible.

3 – On peut en parler aussi comme d'une *notion*, ou concept (*ennoia*). C'est en quelque sorte là l'équivalent le plus courant et le plus évident que l'on peut donner à ce néologisme de prolepse, qui ne rend compte que de son caractère de généralité. D'ailleurs, Épicure emploie également le terme d'*ennoia*, qui offre une plus grande extension que la prolepse ; elle semble supposer une procédure discursive, un raisonnement (l'*ennoia* est aussi la pensée, cf. *L. à Hér.*, § 57 et ainsi se trouve liée à l'opinion, cf. *M.C.*, XXIV). Comme pour les Stoïciens, la prolepse se présente comme une idée générale, qui permet de nommer, de "penser à". Telle est par exemple la prolepse de l'utile, dont dispose chaque homme selon Hermarque, bien qu'elle ne soit pas fondée sur un raisonnement[1]. Tel est également le cas de la prolepse du juste qui, elle, au contraire, est produite par un raisonnement.

4 – Enfin, elle est qualifiée de *conception universelle* (*katholikè noèsis*). On retrouve dans la *Lettre à Ménécée* (§ 123) une expression très approchante, à propos du dieu : « conformément à l'esquisse de la conception commune (*koinè noèsis*) du dieu ». Comme si cette énumération intégrait le résultat achevé de la conceptualisation, l'on découvre la prolepse sous sa forme la plus amplifiée, renforcée par le raisonnement qui s'est appuyé sur elle. La conception serait la prolepse analysée.

A la suite de cette énumération, Diogène Laërce évoque le rôle de la mémoire, et c'est un point capital : si la sensation n'a pas part à la mémoire, la prolepse, elle, n'est pensable que par son intervention, car la mémoire fixe les sensations répétées d'un même type de chose, ou d'un ensemble de choses, qui peuvent alors être rapprochées pour un certain nombre de traits communs : ainsi se forme une image générique, que

---

1. Cité par Porphyre, *De l'abstinence*, I, 10,4 (= 34, 10,4 Longo Auricchio).

Diogène Laërce désigne comme *tupos*, "empreinte" ou "esquisse". Et comme la prolepse se constitue dans des situations concrètes, elle sert d'abord les intérêts vitaux, il n'est pas étonnant que l'exemple qui vient à l'esprit soit celui de l'homme : cette prolepse permet la reconnaissance générique de l'espèce (pour les Épicuriens, il n'y a pas de reconnaissance instinctive ; les comportements sont acquis).

Par ailleurs, un corollaire remarquable est la liaison langage-image : la prolepse est liée au langage, qui la suscite ; l'activation de la prolepse par le langage produit une image mentale. Ainsi, le mot devient le support de la prolepse, que cette dernière pourtant précède. « Les sensations précèdent », ajoute-t-il : cette proposition en effet, fait apparaître la direction des sens, et vise à rappeler que l'ensemble du processus est conditionné par les sensations primitives, si bien que le langage et les prolepses leur restent accordés. Diogène Laërce cherche enfin à montrer la nécessité de la prolepse : sans elle, nous n'aurions pas les moyens de reconnaître un cheval ou un bœuf, comme nous en sommes capables. Finalement, la même évidence qui caractérisait la sensation s'attache aussi aux prolepses : nous avons changé de niveau de connaissance, mais l'un reste cohérent avec l'autre.

Diogène Laërce nous informe essentiellement sur le mode de formation et de renforcement des prolepses directement issues des données sensibles, avec plusieurs valeurs possibles du terme. L'erreur à éviter est en tout cas de croire que se dissimulerait une thèse innéiste sous la doctrine épicurienne de la prolepse[1]. Comme le dit justement André Laks : « La prolepse n'est ni innée ni acquise, mais toujours déjà là, à l'œuvre dans le fonctionnement du langage et de la pensée »[2].

---

1. C'est ce qu'une lecture trop rapide de Cicéron peut laisser penser : « Car quel est le peuple ou le type d'hommes qui ne disposera pas, indépendamment de tout enseignement, d'une certaine anticipation des dieux, ce qu'Épicure appelle *prolèpsis*, c'est-à-dire une certaine information sur la chose saisie à l'avance [= anticipée] par l'esprit, sans laquelle on ne peut comprendre, chercher, examiner quoi que ce soit ? » Isolé parmi les spécialistes d'Épicure, De Witt a défendu cette thèse : « si une idée précède quelque chose, cela peut difficilement être autre chose que l'expérience. La dite idée doit par conséquent être innée » (*Epicurus and his philosophy*, p. 145).
2. « Édition critique et commentée de la "Vie d'Épicure" dans Diogène Laërce (X, 1-34) », p. 111.

4. *La fonction du Canon : critères, raisonnements et opinions*

C'est encore des indications de Diogène Laërce qu'il faut partir :

> « De là vient aussi qu'en ce qui concerne les réalités inévidentes il faut les rendre manifestes à partir de ce qui apparaît ; de fait, toutes les pensées supplémentaires viennent des sensations, aussi bien par la rencontre, l'analogie, la ressemblance, la composition, ce à quoi le raisonnement apporte aussi sa contribution[1]. »

et plus loin :

> « Et ce que l'on opine est suspendu à une évidence antérieure, à quoi nous nous référons en parlant, ce qui revient à se demander par exemple : d'où savons-nous que ceci est un homme ? Quant à l'opinion, ils l'appellent aussi conjecture, et ils disent qu'elle peut être vraie et fausse. Si elle est confirmée, ou si elle n'est pas infirmée, ou si elle se trouve infirmée, elle est fausse ; c'est ce qui explique qu'elle a été introduite en attendant, par exemple on attend, on se rapproche de la tour et on découvre comment elle apparaît de près[2]. »

Ces deux passages encadrent le développement consacré à la prolepse, qui fournit, on l'a amplement vu, un deuxième type d'évidence, après celle qu'offre d'abord la sensation. En relisant les § 32 et 33, on s'aperçoit donc que les modes de constitution des pensées nouvelles opèrent en-deçà même du raisonnement, c'est-à-dire en particulier pour les prolepses du premier type, mais que le raisonnement, qui contribue pour une part à la production de ces pensées nouvelles, amplifie en quelque sorte ce processus naturel, non réfléchi.

Qu'est-ce qu'un raisonnement ? Pour le dire, il faut pouvoir expliquer sur quoi il porte, comment il procède et se manifeste, et pourquoi l'on raisonne. On doit à cet égard garder à l'esprit la distinction déjà mentionnée[3] entre évident

---

1. X, 32.
2. X, 33-34.
3. Cf. *L. à Hér.*, § 38.

et inévident, et au sein de l'inévident, entre ce qui est en attente et ce qui est proprement inévident. Les jugements que l'on porte sur ce que l'on ne connaît pas, que l'on ne voit pas, sont générateurs de trouble, comme il y insiste à la fin de la *Lettre à Hérodote* (§ 77 et suiv.). C'est spécialement le cas de la crainte des dieux et de celle de la mort, qui s'alimentent de l'ignorance. La question qu'Épicure conduit à poser est donc : est-on sûr d'appréhender correctement l'inévident ? Pour accomplir cette appréhension correcte de l'inévident, il faut en fait pour commencer se détourner de ce que l'on prétend savoir, et revenir à ce qui est évident, compris comme évidence sensible, de sorte que l'on produise de l'évident où il n'y en a pas, c'est-à-dire de l'évidence rationnelle.

Le point de départ de la démarche philosophique consiste par conséquent à revenir aux évidences, en considérant que la disposition inquiète résulte de l'ignorance, qui est à l'origine d'opinions vaines qui l'entretiennent. Penser l'évident est un exercice de représentation : c'est penser ce qui est comme ce qui nous apparaît. Le projet est donc de dégager le principe de la connaissance, et par là même de ce que nous pouvons connaître, en évitant toute présupposition. Ainsi s'opère la réduction des représentations. C'est donc avec un fondement solide, ferme, l'évident, que l'on aborde l'inévident. Le retour aux éléments les plus simples de la connaissance conduit à une décantation des représentations : l'on retarde le moment du jugement, l'on parvient à l'isoler, par rapport à la sensation, et aussi par rapport aux prolepses. On doit donc apprendre à maîtriser sa capacité de jugement, et ne la faire opérer que là où elle est nécessaire[1].

L'inférence

Il faut ainsi apprendre à s'acheminer vers la connaissance de l'inévident ; tel est le but de la *semeiosis* selon Épicure, de cette recherche et découverte de signes que l'on peut traduire faute de mieux par « inférence ». Elle peut porter sur « ce qui est en attente » : c'est ce qui est provisoirement dissimulé, et qui deviendra évident ; mon jugement, qui a en

1. Cf. *L. à Mén.*, § 127.

général une utilité pratique, statue sur ce qu'est une chose particulière, ou sur ce qui va arriver, à partir d'éléments dont je dispose ; il sera par les faits confirmé ou non. Elle peut porter sur l'« inévident » : mon jugement s'efforce aussi de produire une certaine évidence par rapport à l'inévident, grâce au raisonnement, et dans ce cas la nécessité à laquelle on répond est encore plus grande, car il s'agit de chasser les motifs de trouble.

Confirmation et non-infirmation

La validation des énoncés se fait par confirmation et non-infirmation[1]. La confirmation permet de valider des propositions touchant « ce qui est en attente », mais en fait elle valide d'abord les propositions les plus triviales, celles qui sont directement liées aux données mêmes des sens : ainsi, qu'il y a des corps[2]. La confirmation est donc un garde-fou : elle me permet de contrôler les opinions que je formule à partir de données de la perception, et qui, faute d'être fondées sur un nombre suffisant d'observations, peuvent s'avérer erronées : c'est l'exemple classique de la tour carrée, que de loin je vois ronde et que je juge être telle, quand il m'aurait fallu tenir compte de l'éloignement, suspendre mon jugement, et ajouter d'autres perceptions de la tour, notamment rapprochées. Donc, est faux d'abord ce qui n'est pas confirmé par les sens[3].

Par la confirmation, nous confrontons l'évident à l'évident en allant du même au même ; mais lorsqu'on s'efforce de statuer sur l'inévident, et en particulier sur la nature constitutive de ce qui est, cette démarche n'est plus directement possible : il faut recourir à la non-infirmation, qui permet d'attester que l'opinion touchant l'inévident ne rentre pas en contradiction avec ce que les sens me font connaître avec évidence. L'établissement de l'existence du vide est un bon exemple[4]. On pourrait en dernier lieu faire valoir que le vide est connu par une inférence qui dépend d'une

---

1. Un des usages les plus nets se rencontre dans la *L. à Hér.*, § 51-52.
2. Cf. *L. à Hér.*, § 39.
3. Cf. Sextus Empiricus, *Adv. math.*, VII, 215, pour l'exemple de non-confirmation.
4. Cf. Sextus Empiricus, *Adv. math.*, VII, 213-214.

analogie de rapport : le corps visible a besoin d'espace pour se déplacer, ainsi il faut admettre l'existence de vide à côté des atomes. Mais c'est plus efficacement encore (et sans contradiction avec l'inférence) par un raisonnement de type *modus tollens* que la non-infirmation procède : [(A=>B) et non-B]=> non-A.

La non-infirmation a donc pour valeur générale le fait qu'il n'y ait pas d'évidence contraire à l'opinion adoptée. Ceci vaut aussi pour l'invisible de fait, le domaine des réalités célestes : supposons que quelqu'un prétende que le soleil est un astre froid, ceci se trouve immédiatement infirmé par le fait de la chaleur et du rayonnement. L'erreur apparaît dans ce cas immédiatement, mais un exemple plus subtil est administré par Épicure dans la *Lettre à Pythoclès* (§ 90)[1], à propos de l'hypothèse gratuite faite par Démocrite d'un tourbillon cosmique. Il faut donc dans ce cas produire des hypothèses qui ne soient pas infirmées, qui soient cohérentes avec ce qui apparaît.

La vocation pratique du raisonnement, son enracinement dans l'expérience, permettent de comprendre les positions métaphysiques et morales d'Épicure : ce qui importe est la juste vision du réel, qu'il faut apprendre à décrire tel qu'il est, sans présupposition. Sensations et prolepses, raisonnement contrôlé, permettent cette description générale et particulière de ce qui est. Et tout comme l'on est conduit à écarter l'idée de dieux agissants, l'on écartera comme une présupposition métaphysique que rien ne peut confirmer, l'idée d'une nécessité universelle, et de la même façon son opposé dogmatique, le hasard universel. A côté de ce qui est, on reconnaît un autre domaine de pensée, le domaine du possible : avec celui-ci, l'on atteint les limites du pouvoir de connaître, que seul un dogmatisme aveugle pourrait prétendre franchir. Ces limites sont en effet soit celles du sujet connaissant, soit celles du réel lui-même. En raison de son éloignement, l'homme ne peut espérer que fournir des causes possibles pour une réalité céleste donnée ; d'autre part, le futur impose d'être considéré comme relevant seu-

---

1. Cf., plus bas, la présentation de la *Lettre à Pythoclès*.

lement du possible ; son indétermination fondamentale résiste à l'embrigadement : le raisonnement doit se plier à lui, et non l'inverse. Épicure va ainsi jusqu'à rejeter le principe du tiers-exclu appliqué au futur[1].

Et il faut noter que la promotion du possible ne signifie pas l'exclusive promotion du hasard ou de la fortune, au contraire, un espace pour « ce qui dépend de nous » est ménagé : l'éthique se constitue dans la liaison du réel au possible[2]. De même, le discours épicurien n'exclut pas absolument la nécessité, qui apparaît sous la forme de la contrainte que font peser les causes sur leurs effets. Ainsi, la voie de l'indépendance et de l'autonomie passe par la connaissance de ce qui se produit nécessairement : c'est pourquoi il *faut* savoir reconnaître ce qui a *une seule manière* de se produire.

Les formes de raisonnement

Il n'est sans doute pas possible de venir à bout de ce problème en quelques lignes, mais quelques distinctions sémantiques significatives opérées par Épicure permettront de faire ressortir l'unité de la démarche théorique. On peut ainsi considérer que les spécifications majeures du raisonnement apparaissent dans les § 38 à 40 de la *Lettre à*

---

1. L'argument est que les propositions portant sur le futur ne sont ni vraies ni fausses (Cicéron, *Du destin*, 21 = 376 Us.). Par là, il mettait à mal le principe du tiers-exclu : « les dialecticiens établissent que toute énonciation disjonctive, telle que "oui ou non", est non seulement vraie mais encore nécessaire (vois combien il est habile, cet Épicure qui vous considérez comme un esprit lent : si en effet, dit-il, j'admets que l'un ou l'autre est nécessaire, il sera nécessaire que demain, Hermarque vive ou ne vive pas ; or il 'n'y a pas de pareille nécessité dans la nature), alors que les dialecticiens, c'est-à-dire Antiochus et les Stoïciens, combattent Épicure, Épicure, lui, renverse toute la dialectique. Car si une proposition disjonctive faite de contraires (j'appelle contraires les énoncés dont l'un affirme ce que l'autre nie), si donc une telle disjonction peut être fausse, pas une autre n'est vraie » (Cicéron, *Premiers Académiques*, II, 30, 97, trad. E. Bréhier revue par V. Goldschmidt, *Les Stoïciens*, Gallimard, La Pléiade, p. 231s.).
2. D'où l'affirmation de l'auto-détermination contre le déterminisme (comme doctrine ou comme conséquence dénoncée ; cf. les fragments du *Sur la nature*, 34 Arrighetti), et les mises en garde contre les dangers de la dialectique, telle que les Mégariques en abusaient.

Hérodote ; et c'est à ce passage que l'on pourra le plus commodément se référer.

Pour désigner le raisonnement, *logismos* apparaît comme le terme général[1], auquel on associera le composé *dialogismos*, qui connote la continuité, le développement du raisonnement, notamment en commun[2]. On pourrait dire assez schématiquement que ce *logismos* connaît en quelque sorte trois grandes spécifications :

– l'*epilogismos*, qui revient fréquemment, désigne le raisonnement porté avec attention sur les phénomènes ; on pourrait parler de raisonnement appliqué, son objet étant donné directement (à la différence de l'analogie), et sa vocation étant analytique (il rend possible le *sullogismos*) ; mais en s'appliquant au visible, il permet aussi de viser l'invisible (dans ce cas, l'inférence analogique est aussi évidemment requise, elle en prend le relais)[3].

– l'*analogismos* est le raisonnement qui assemble et organise les ressemblances entre les réalités particulières qui m'apparaissent, que j'éprouve : par exemple pour classer les types de désir[4], ou entre réalités qui m'apparaissent et ce qui est inévident : ainsi, de la structure du corps visible à celle de l'atome[5]. L'idée de mise en relation prévaut ; il s'agit d'un raisonnement analogique, qui va du même au même[6].

– le *sullogismos* qui est tout sauf ce qu'Aristote définit comme le syllogisme[7] : ce qui prévaut dans ce terme est l'idée de rassemblement, de considération d'ensemble, synthétique, qui rend possible une inférence ; la *Lettre à Pythoclès* (§ 112), explique ainsi qu'il faut penser ensemble

1. Cf. *L. à Hér.*, § 40.
2. Cf. plus haut la définition de la philosophie, qui introduit le *dialogismos* au sens de raisonnement ; ce pourrait également être le sens dans la *L. à Pyth.*, § 84 ; cf. aussi *L. à Hér.*, § 68 ; *L. à Pyth.*, § 85.
3. Il y a également des occurrences dans la *L. à Mén.*, § 133, dans les *M.C.* XX et XXII, à propos de la fin naturelle de la vie.
4. *L. à Mén.*, § 127-128.
5. *L. à Hér.*, § 58-59.
6. Voir X, 32.
7. « Raisonnement déductif par lequel, certaines choses étant posées (prémisses), quelque chose de différent s'ensuit » (*Premiers Analytiques*, 24 b18).

ce qui est en accord avec ce qui apparaît ; cela désigne enfin la combinaison argumentative de notions[1].

Épicure n'a pas cherché à constituer un corps de doctrine cloisonné ; au contraire, c'est la continuité d'un domaine à un autre qui frappe – ce que l'on appelle canonique, physique et éthique ne peuvent en fait être pensées indépendamment l'une de l'autre. Dans cette unité qui est la leur, un moyen de les distinguer serait de les penser par rapport aux critères du vrai ; chacun apparaîtrait alors plus particulièrement lié à l'un de ces critères. On pourrait dire que l'étude de la nature (la physique), repose fondamentalement sur la sensation, puisque le monde n'est connu qu'à partir des sens ; d'où l'importance toute spéciale accordée à l'analyse du mécanisme de la sensation dans la *Lettre à Hérodote* ; que l'éthique repose essentiellement sur le critère de l'affection : l'étude des conditions de l'action reconnaît comme fondamentaux le plaisir et la douleur – d'où le souci essentiel de fournir une analyse du plaisir dans la *Lettre à Ménécée*, que la canonique enfin repose directement sur notre capacité à former des prolepses, des idées générales donc, et à raisonner, elle qui vise à énoncer les conditions de possibilité d'une connaissance vraie.

Évidemment, un partage strict ne tient pas : par la canonique, le sujet connaissant identifie, dans l'unité du soi, l'ensemble de ses facultés de connaissance. Se sachant constitué par ces trois modes de rapport au monde que sont la sensation, la prolepse et l'affection, il sait devoir équilibrer chacun des trois : prolonger la sensation, la rendre pensable et dicible, par la prolepse, dans la visée de la meilleure situation affective ; et celle-ci est liée au plaisir de la connaissance limitée dans ses prétentions. Cela suppose aussi l'usage de la limite dans la sphère des échanges individuels (famille, groupe, société). La vie heureuse dans le plaisir suppose le contrôle de la sensation et de la prolepse ; la sensation, dans sa fonction vitale d'information, appelle son

---

1. On peut rapprocher encore la *sunthesis* de D.L., X, 32, l'emploi du verbe *sunoran* au § 38.

prolongement subjectif, cognitif et affectif ; la prolepse reconduit à la sensation et au plaisir, comme à sa vérité.

B

PRÉSENTATION DES TEXTES

LETTRE À HÉRODOTE

PLAN DE LA LETTRE

Le résumé, son organisation, et la méthode de la connaissance

À première lecture, le mouvement de la lettre semble quelque peu désordonné ; le sentiment est renforcé par l'absence d'un souci quelconque de transition : Épicure se contente en effet de formules minimales telles que « Mais en outre », « et aussi ». Mais il faut s'efforcer d'aller au-delà : l'apparent désordre des matières est calculé, et l'on repère rapidement une construction complexe, circulaire, concentrique. La preuve la plus évidente en est que la conclusion correspond étroitement à l'introduction, reprenant tous ses thèmes – mais la conclusion est cette fois renforcée par l'ensemble du résumé (*epitomè*).

L'auteur de la lettre paraît d'ailleurs se plaire à assembler les résumés, à partir du résumé initial des principes. En fait, cet emboîtement voulu des résumés les uns dans les autres est indéfini, car le résumé représente moins une approche simplificatrice qu'il ne cherche à produire une certaine concentration de la connaissance philosophique, que chacun peut pratiquer et faire varier selon des accents différents. Le terme ultime du processus de résumé-concentration est la formule, bien qu'en vérité en-deçà de la formule il y ait encore le mot qui, employé proprement et justement, suffit à dire le vrai, pour autant qu'il en est fait un usage plein (renvoyant à la prénotion). Cette remontée jusqu'au mot suggère *a contrario* que toute formule, tout résumé constitue un certain développement du vrai, en tout cas une application légitime du vrai, dans la mesure où il s'agit d'exprimer la vérité de la perception. Il revient donc au lecteur, par une lecture active, de restituer les enchaînements, les articulations signifiantes dont Épicure se dispense ici.

La *Lettre à Hérodote* se développe donc en deux temps, un premier temps que l'on pourrait dire axiomatique, un second appliqué, et développé.

Conformément à l'intention de résumer la doctrine, l'organisation formelle de la lettre revient à offrir une présentation synthétique, donnant l'apparence d'un mouvement déductif en réalité sous-tendu par une procédure inductive dont Épicure fait la théorie, et dont il établit la validité, en même temps que la nécessité. En effet, la présentation déductive (des principes aux développements et conséquences) n'est possible que précédée, dans l'ordre de l'investigation, par une série d'inductions successives, amplifiantes, généralisantes, tenues pour vraies grâce à leur confirmation par l'apparaître sensible, ou du moins non infirmées par lui. Il ne doit pas y avoir désaccord avec ce qui apparaît, mais dans certains cas, nous avons des propositions générales touchant le visible, dans d'autres, ce sont des propositions touchant l'inévident par nature (les principes) ou par accident (comme les réalités célestes, pour lesquelles on se reportera en particulier à la *Lettre à Pythoclès*).

Les propositions touchant l'inévident sont induites par analogie (une analogie et une seule bien souvent rend pensable l'inévident), ou bien par suppression des propositions contradictoires : ainsi, l'impossibilité de penser le mouvement sans le vide conduit à reconnaître l'existence de celui-ci (même dans ce cas, la cohérence de l'épistémologie épicurienne impose de voir en dernier lieu une inférence inductive)[1]. Aussi l'exposition ne semble-t-elle devoir procéder déductivement que pour mieux rappeler la priorité constitutive de la procédure du raisonnement inductif, d'où la suite que présente la lettre : exposition des principes, exposition de la théorie de la perception, reprise détaillée de l'exposition de l'atome, exposition de la théorie de l'âme.

Épicure compose un résumé, qui fait apparaître, dans son cours même, comment le résumé est possible, et finalement nécessaire. En d'autres termes, l'exposition de la *phusiologia* fait constamment référence à la canonique, dont elle explique les fondements, et qui en retour fonde la validité de cette étude de la nature. Le « parcours continu » (*periodos*) dont parle l'introduction trouve là sa pleine cohérence.

---

1. Cf. plus haut, pp. 43-44.

Introduction de la lettre : l'utilité du résumé (§ 35-37)

– *Le premier type de destinataires*

Quelle que soit la raison qui empêche de lire ses écrits (manque de temps pour des hommes exerçant des charges politiques ou autres, comme on le pense souvent, ou bien manque de repères généraux, d'indications de méthode pour des hommes qui, tel Hérodote, pourraient même avoir des connaissances en matière épicurienne), Épicure se propose d'écrire, pour tous ceux qui en éprouvent le besoin, un résumé (*epitomè*). Cet écrit, dont il va expliquer la nécessité, est en tout cas à distinguer de deux ensembles d'écrits qui le précèdent logiquement : l'ensemble des écrits (*anagegrammena*) portant sur la nature, qui groupe notes et traités d'une part, et d'autre part les traités les plus importants, au premier rang desquels le *Sur la nature* en trente-sept livres. Le résumé ne concerne donc pas seulement ceux qui ne parviennent pas à lire la totalité des écrits physiques, mais même ceux qui sont incapables d'assimiler les traités les plus importants. D'emblée, Épicure laisse entendre que le problème n'est pas celui de la connaissance extensive des développements d'une « physique » épicurienne qui seule pourrait conférer la maîtrise philosophique à l'étudiant ; l'essentiel semble bien plutôt la parfaite compréhension de la démarche même que l'on est conduit à adopter dans le domaine de l'étude de la nature. Le problème de l'apprentissage, qui se pose aux apprentis philosophes, se ramène en somme à un problème préjudiciel, qui reste toutefois le problème majeur : celui de la légitimation méthodique de l'étude de la nature, la *phusiologia*. Voilà pourquoi le résumé sera, du point de vue d'Épicure, considéré comme possible, souhaitable, et en fait nécessaire. Ce qu'il prépare est un viatique, qui rende quiconque capable, en toute circonstance, de mettre en œuvre les principes que recense la *phusiologia*.

Le résumé concerne « l'ensemble de la doctrine » (*tès holès pragmateias* – l'expression revient quelques lignes plus bas) : la *pragmateia* est d'abord l'étude, d'où le résultat de l'étude, au sens philosophique, la doctrine. Cette valeur première d'« étude » ne doit pas être perdue de vue : c'est avant tout une démarche, procédant de certains principes, avançant d'une façon déterminée, et parvenant à certains réultats, qui va être présentée. On ne peut parler de physique qu'au prix d'une certaine équivoque par rapport à la physique d'Aristote par exemple, car la *phusiologia*, « l'étude de la nature », est d'abord conçue comme un exercice appliqué, et ses ambitions sont différentes (de fait, Épicure ne parle jamais, pour sa part, d'*epistèmè*). La suite y insiste immédiatement : le résumé ne sert pas une intention érudite, il offre directement une visée pratique.

La justification premièrement avancée de ce résumé est donc de permettre de se remémorer la doctrine, et cette remémoration met en mesure d'activer le contenu de la doctrine dans les circonstances qui en imposent la maîtrise. Ainsi, Épicure insiste d'abord sur la suffisance qui doit être atteinte, et l'explicite aussitôt : le mouvement de connaissance est finalisé. En effet, ces connaissances doivent pouvoir servir dans l'instant, dans des occasions données – et Épicure emploie ici la notion mise en honneur par la sophistique, de *kairos*. C'est au moment opportun, lorsqu'il est requis, dans l'instant singulier, que le résumé doit devenir opératoire, et que le possesseur des règles majeures doit être en mesure de s'aider lui-même : avec ces opinions principales, capitales, il est armé pour régler les questions les plus importantes touchant la nature, c'est-à-dire toutes celles dont l'élucidation permettra d'écarter le trouble de l'âme.

Par « nature », il faut d'abord entendre la nature visible, les phénomènes que nous percevons (*to phainomenon*) : mais le résumé va précisément indiquer comment l'on remonte du visible à l'invisible, du phénomène à ce qui la fonde, et ceci constituera l'investigation de la nature, son approfondissement. Sous la nature visible, il y a la nature invisible, inévidente. Ne nous y trompons pas : par cette remontée, l'on ne passe pas de la nature à un degré supérieur, tel que serait l'intelligible dans la perspective platonicienne : il s'agira de l'approfondissement de la connaissance même de la nature, dans ses deux faces solidaires, visible et invisible (car c'est l'invisible qui se rend visible). Ainsi Épicure parle plus loin, à propos des atomes et du

vide, de « natures générales » (§ 40), et en résumé du développement, de « la nature des êtres » (§ 45).

C'est donc une connaissance entièrement appliquée qui
est visée ici : la *theoria* dont il est question, c'est l'étude,
l'observation qui va servir la vie, et non pas la théorie
opposée à la pratique.

– Le deuxième type de destinataires

Épicure évoque à la suite ceux qui, ayant une connaissance satisfaisante de la doctrine, sont capables d'observer
en conséquence la nature. Ils correspondent sans doute à
ceux qui ont pris connaissance des livres majeurs. Épicure
explique que même eux ont besoin du résumé, en insistant
cette fois sur l'acte concret de remémoration de cette
esquisse de l'ensemble de la doctrine qui s'imprime dans
l'esprit, le marque et oriente désormais sa manière d'appréhender la nature : s'ils considèrent correctement la totalité,
c'est avant tout parce qu'ils disposent de cette esquisse
générale qui délivre les éléments principaux, fondamentaux,
de la doctrine. Cette explication donne son sens à
« l'appréhension dense » qu'il évoque ensuite, et qui justifie
le recours au résumé : cet acte est l'acte même par lequel
nous appréhendons la totalité, sa densité lui est conférée par
son contenu, auquel s'oppose le contenu de l'appréhension
du particulier qui est rare et limité, ne fournissant d'information que pour un type de phénomène.

Mais au-delà de cette dichotomie (entre vision du tout et
vision du particulier), il faut comprendre pourquoi l'on ne
peut en fait espérer appréhender réellement quoi que ce soit
si l'on n'est pas en possession des principes généraux (§
36). L'exercice de remémoration de ces derniers doit se
faire continuellement, car c'est eux qui conditionnent
l'appréhension vraie des réalités particulières. L'esquisse
générale, en s'appliquant, devient ainsi une connaissance
précise (*akribôma*) particulière ; on voit donc comment, du
point de vue de ce deuxième type de destinataires, le résumé
peut servir : en donnant les moyens d'avancer dans la voie
de la saisie correcte de la réalité.

– Le troisième type de destinataires

Épicure évoque enfin ceux qui sont parfaitement formés, dont on pourrait penser qu'ils n'ont en rien besoin d'un tel résumé, puisqu'ils sont aussi bien ceux qui ont lu tout ce qu'Épicure a pu écrire sur la nature. Mais sur eux aussi, l'on vérifie l'utilité d'une maîtrise des principes les plus généraux, puisque c'est au moyen de ces principes qu'ils usent « avec acuité » des appréhensions.

Ce point est d'importance : il s'agit bien ici de connaissance appliquée, et même si ce troisième groupe rassemble les proches d'Épicure, ceux qui connaissent tous ses écrits, ce n'est pas en se remémorant directement les écrits du Maître (développements particuliers), mais avant tout en appliquant les règles et principes capitaux qu'ils peuvent faire face aux situations individuelles données. L'appréhension livre une ou des informations sur ce qui nous apparaît, et cette information est correctement traitée, c'est-à-dire analysée dans ses éléments constitutifs, et selon les formules simples qui permettent l'identification et la compréhension. Du reste, la maîtrise des principes doit permettre de retrouver dans le détail, sur tel point, le contenu des écrits d'Épicure : s'il n'est rien de ce qu'a écrit le Maître que ne connaissent ses disciples les plus confirmés, c'est parce qu'ils sont capables de reconstituer dans le détail les argumentations particulières qui se rencontrent dans ces écrits.

Épicure rajoute un point touchant le troisième type de destinataires : il a indiqué que l'homme parfaitement avancé aura des connaissances précises et vraies, à condition de pouvoir user avec justesse des appréhensions dont il dispose ; pour cela, il doit être capable de les décomposer dans leurs éléments constitutifs, de les analyser. Il va donc du général vers le particulier, ce pour quoi il doit maîtriser le général. Mais inversement, dans cet acte de connaissance, l'on doit reconnaître que la maîtrise effective du particulier permet de fonder la maîtrise réelle du général. La fonder et la vérifier, d'où l'image du parcours circulaire (*periodeia*) : le général n'est pas donné d'emblée, il se constitue dans l'appréhension répétée du particulier ; et s'il est vrai que le rôle du résumé est justement de permettre l'acquisition rapide, ou plus sûre, des principes généraux, ces principes généraux doivent s'accorder au particulier, de telle sorte que le général soit gros du particulier, l'embrasse. C'est à ce prix que la connaissance, la maîtrise du général, devient la plus dense : lorsque dans le général, l'on est à même de retrouver le particulier.

– « *La paix* »

Épicure envisage donc qu'une progression continue puisse conduire du niveau de commençant à celui du plus confirmé, par le mérite du résumé de la doctrine, rassemblant les éléments généraux qui sont bien l'essentiel de l'étude de la nature, pour autant que celle-ci est d'abord et avant tout conçue comme appliquée. Ainsi, à la fin de son introduction (§ 37), il souligne une nouvelle fois qu'il s'adresse à tous, en tenant compte de l'expérience de ceux qui pratiquent la *phusiologia*. Le but est d'étendre à ceux qui n'en sont pas encore capables ce mode de vie et de pensée, et il faut pour cela les enjoindre et les exhorter. L'introduction devient protreptique dans la mesure où ce qui est promis maintenant avec la pratique continue de la *phusiologia*, c'est la paix dans la vie, la vie apaisée. Pour cela, il faut s'emparer du résumé, le faire sien.

Il parle ainsi de « la paix dans la vie » (*eggalènizôn tô biô*). Plus précisément, l'image est celle de la mer apaisée, qu'avait employée déjà Platon dans le *Phédon* (84 a), pour évoquer l'âme qui suit la philosophie : (des plaisirs et des peines) « elle (l'âme) fait une mer apaisée, elle suit le raisonnement et reste toujours en lui ». Or, pour Platon, la *galènè* est une image : la mer apaisée figure l'âme débarrassée de l'agitation des plaisirs et des peines. Aussi n'est-elle pas autrement développée. Il en va autrement pour Épicure, puisqu'il ne s'agit plus pour lui de figurer un état spirituel au moyen d'une image sensible : au contraire, la *galènè*, la mer apaisée, est une image appropriée pour penser le calme de l'âme qui n'est pas agitée par des mouvements corporels violents, qu'ils soient de plaisir ou de peine, comme disait Platon. En effet, de la mer à l'âme nous ne changeons pas de plan de réalité, puisqu'il n'y en a qu'un : il s'agit donc en quelque sorte d'une translation analogique. L'image présente une pertinence supplémentaire dans la logique de l'épicurisme : l'individu dont l'âme est en paix éprouve le même sentiment que lorsqu'il découvre, après la tempête, la mer apaisée – un sentiment de profonde joie, qui est un plaisir de l'esprit, dont l'advenue ne modifie pas l'équilibre de l'âme mais au contraire le renforce, conforte sa stabilité. Il résulte de cela que l'image de la mer apaisée, à travers sa conceptualisation éthique, perd la connotation de précarité qui s'attache à elle, et ceci constitue le dernier point remarquable de cette importation de la *galènè* : l'homme au point de vue éthique doit devenir capable par la philosophie de surmonter la précarité de sa condition naturelle. Cela ne veut pas dire qu'il doive nier son être-mortel, mais tant qu'il vit, il doit arriver à vivre de telle sorte qu'il soit l'être le plus naturel possible, qu'il n'y ait plus rien en lui qui soit capable de mettre en cause son équilibre, donc d'être cette mer toujours calme. L'immortalité dont parle Épicure dans son éthique est bien une vie en immortel : il s'agit de transcender la vie naturelle dans et par la nature, d'être cet être naturel qui sait préserver et renforcer ce qui est la condition même de la vie, à savoir l'équilibre. Et pour cela, il faut la pensée. Voilà pourquoi Épicure promet la paix de l'âme à qui aura acquis l'étude de la nature. Car le savoir fondé naturellement de la nature, que l'on peut appliquer à chaque instant de sa vie, transforme totalement celui qui le possède.

L'image, devenue un concept à part entière de l'éthique d'Épicure, ainsi que nous le confirment les commentateurs antiques, resurgit au § 83 pour clore la *Lettre* : le *galènismos* nomme l'état de paix, de sérénité, il signifie un état d'équilibre de l'âme, celui d'une plénitude que rien ne peut plus remettre en question. L'on doit d'ailleurs rapprocher de l'introduction, toute la conclusion de la *Lettre* (§ 82-83), qui lui correspond point par point : les trois destinataires (dans le même ordre), le bénéfice que l'on tire du résumé : la force de vie (mentale) qui permet un parcours d'ensemble (*periodeia* 36/*periodon* 83), la paix qui en résulte (*eggalènizôn/galènismos*).

Première partie :
les principes de l'étude de la nature (§ 37-45)

I.1 Les préceptes méthodologiques
en vue de l'étude de la nature (§ 37-38)

Premier précepte

Le premier précepte concerne le langage, qui est reconnu comme le *medium* du raisonnement. Pour élaborer un raisonnement valide, il faut s'entendre sur les règles d'utilisation du langage, avec lequel nous raisonnons en commun. Il faut donc accorder une extrême attention aux mots dont on fait usage. Lorsqu'on formulera une opinion sur ce qui est matière à opinion, il faudra un usage rigoureux du langage, qui permettra d'établir des distinctions pertinentes. Tel est l'enjeu : un langage univoque permettra de distinguer, de faire le départ au sein du donné, entre deux sortes d'objets, ce qui suscite une recherche, ce qui suscite une difficulté. La première sorte conduit à aller plus loin, la solution au problème qu'il pose n'est pas donnée par lui, mais peut l'être par une distinction appropriée (par exemple, qu'est-ce que le temps ?), ou bien ultérieurement (problème de la prévision). La seconde apparaît sans solution, soit parce que l'on n'est pas en mesure de donner cette solution (ainsi, combien y a-t-il d'étoiles ?), soit parce qu'il s'agit d'un faux problème, qui a été mal posé (comme : y a-t-il une limite du tout ?).

Savoir opérer les bonnes distinctions, c'est pouvoir éviter la situation d'indistinction, de confusion, qui caractérise l'attitude de ceux qui se querellent sur le sens des termes, et vont ainsi indéfiniment, laissant toutes choses sans solution – telle est selon lui la méthode de la logique, et notamment de la syllogistique, qu'il rejette[1].

C'est aussi éviter l'attitude l'inverse, lorsqu'on se satisfait des « sons vides », sans s'interroger sur la signification des termes : « parmi les recherches, les unes portent sur les choses (*pragmata*), les autres se rapportent simplement au son (*phonè*) »[2]. Qui est visé dans cette dénonciation d'une

---

1. Cf. Cicéron, *Des fins*, I, 7, 22.
2. Cf. D.L., X, 34.

recherche vide de contenu ? Sans doute l'homme du commun, mais aussi les philosophes, pour autant qu'ils ne reconnaissent pas l'exigence qu'à un son vocal corresponde un véritable référent[1]. Ainsi, les distinctions suivies par Aristote entre thèse, hypothèse et définition n'apparaissent plus recevables pour une raison aisément compréhensible : selon les *Seconds Analytiques* en effet, « j'appelle un principe immédiat du syllogisme une thèse, quand, tout en n'étant pas susceptible de démonstration, il n'est pas indispensable à qui veut apprendre quelque chose ; si, par contre, sa possession est indispensable à qui veut apprendre n'importe quoi, c'est un axiome » (I, 2, 72 a 15 et suiv.). L'hypothèse est une thèse qui affirme qu'une chose est ou n'est pas ; autrement, c'est une définition. De telles distinctions n'ont pas grand sens pour Épicure. En effet, en vertu de ce premier principe méthodologique de la *Lettre*, ce doit être une même chose que de produire un son et de poser l'existence de la chose, puisque le son n'a de sens que s'il est lesté d'un contenu, dont le deuxième précepte permet d'étudier l'origine. En somme, la définition est inutile : toute thèse est hypothèse[2]. De même, l'étude de la nature repose sur des axiomes généraux.

Ce qui est mis sous les sons est donc la notion première, et c'est en se tenant à la notion première que l'on pourra procéder aux distinctions requises (§ 38). Certes, la première règle semble ainsi bien peu éclairée, puisque la notion première n'est pas définie, mais la remarque pratique selon laquelle la notion première n'a pas besoin de démonstration suggère ce qu'elle doit être. Revenir à la notion première, c'est s'exercer à écarter tout usage de la langue qui surajouterait un jugement, une autre notion, à la notion déjà exprimée par le terme (le son-signifiant). Par exemple, que la mort soit non seulement la cessation de la vie d'un organisme, mais qu'elle soit un mal pour cet organisme, ou qu'elle soit la libération de l'âme. Que ces jugements soient

---

1. Au contraire des Stoïciens, les Épicuriens ne font pas une différence nette entre signifié et référent ; c'est que la forme de la chose même se donne par les simulacres : cf. l'analyse de la perception dans les § 48-50.
2. L'on rencontre une seule occurrence d'« hypothèse » dans les *Lettres* : *Lettre à Pythoclès*, § 95.

faux, n'est que la contre-partie inévitable de la violation du précepte qui demande que l'on raisonne et émette un jugement sur des notions premières, et non sur des notions dérivées, supposant des jugements.

C'est donc un vrai travail de dépouillement des représentations qui est exigé, pour revenir à la notion première dont le contenu découle de l'acte perceptif. Voilà pourquoi la notion première n'a pas besoin de démonstration (*apodeixis*) : elle l'exclut par nature. De même, elle n'est pas définissable, puisqu'il faudrait alors supposer que la définition est plus claire que le nom. Si tel était le cas, le nom ne renverrait pas à une notion première. Radicalisant l'axiomatique aristotélicienne, Épicure indique qu'en aucun cas nous n'avons à faire d'exception à la règle selon laquelle tout raisonnement s'exerce sur des notions indémontrables, du début à la fin (alors que pour Aristote, c'est seulement le point de départ de ce qui va permettre une démonstration, à savoir le principe, qui est indémontrable).

Ainsi, Épicure conteste de manière générale l'utilité de la définition : « Y a-t-il quelqu'un qui ignore ce qu'est le plaisir, ou qui désire une définition pour mieux le connaître[1] ? » et de la démonstration au sens syllogistique : à la démonstration se substitue l'inférence, à la définition le contenu plein du terme employé[2]. Cela ne veut pas dire que la démonstration soit une notion proscrite, comme on le voit au § 45 : la démonstration correspond désormais à l'inférence. Et l'inférence est à peu près l'équivalent de l'induction selon Aristote ; elle apparaît ici comme une procédure presque suffisante pour atteindre le vrai ; c'est la confirmation et la non-infirmation qui la contrôlent.

---

1. Cicéron, *Des fins des biens et des maux*, II, 2, 6 ; cf. surtout D.L., X, 33 cité précédemment, et aussi le passage du *Commentaire anonyme au Théétète*, Diels-Schubart, p. 16 : « Épicure dit que les noms sont plus clairs que les définitions ». En effet, gagnerions-nous à dire, au lieu de : « Bonjour, Socrate », « Bonjour animal mortel rationnel » ?

2. Sur l'inutilité de la démonstration pour raisonner sur les principes éthiques, cf. Cicéron, *Des fins*, I, 9, 30.

Deuxième précepte

Le deuxième précepte est complémentaire du premier :
« En outre, il faut tout garder en suivant les sensations, et
en général les appréhensions présentes, tant celles de la
pensée que celles de n'importe quel critère, et de la même
façon les affections existantes, afin que nous soyons en
possession de ce par quoi nous rendrons manifeste ce qui
attend confirmation ainsi que l'inévident ». En effet, pour
symboliser correctement, il faut que le signe utilisé corresponde à un référent primitif, et ce référent primitif se
constitue dans un acte de perception sensible prolongé par
un acte proprement intellectuel. C'est pourquoi l'on doit
s'appuyer principiellement sur les sensations, premier
critère de vérité (cf. Diogène Laërce, X, 31). Et il généra-
lise immédiatement : il évoque les sensations (premier
critère), et de façon plus générale, les « appréhensions
présentes », soit de la pensée, soit des autres critères, avant
de faire référence aux affections (troisième critère). L'*epibolè*, que traduit « appréhension », est un terme générique
valant pour les sensations aussi bien que pour les actes de
pensée : on pourrait à ce propos avancer à titre d'hypothèse que l'appréhension sensible se prolonge dans
l'appréhension intellective[1]. Cette dernière est un acte qui
n'implique pas encore de jugement, ce n'est pas une opinion. Lorsqu'il parle de l'appréhension présente de la
pensée ou des autres critères, il doit renvoyer par le
deuxième complément aux divers types de sensations pris
comme autant de critères, puisque les affections ne sont
introduites qu'ensuite.

L'appréhension caractérise aussi bien la sensation que la
pensée, en tant que l'une et l'autre sont actives, qu'elles
sont tournées vers l'objet[2]. Ainsi, le critère absent est la
prénotion[3], et si l'expression du § 38 que nous venons de

---

1. Ce que confirme la présentation de la prénotion, en X, 33 ; cf. plus
haut, pp. 37.
2. L'on rencontre l'expression d'« appréhension imaginative », aux §
50 et 51 de la *Lettre à Hérodote*. Se pose alors la question du quatrième
critère qu'auraient ajouté les Épicuriens postérieurs selon D.L. (X, 31).
3. Il est à noter que la seule occurrence de la prénotion dans la *Lettre*
est au § 72, à propos du temps.

commenter ne renvoie pas définitionnellement à la prénotion, du moins celle-ci est-elle bien en partie descriptible comme une appréhension de la pensée, dans la mesure où la pensée fait usage d'elle. La formule consiste donc en une amplification, qui englobe la sensation dans un ensemble plus vaste qu'elle.

Pour finir, Épicure cite donc les affections qui sont mises sur le même plan que les sensations et l'ensemble des appréhensions présentes, tout en étant distinctes d'elles, puisqu'il opère un rapprochement : « et de la même façon les affections existantes ». Les affections constituent, je l'ai signalé, le troisième critère de la canonique ; elles sont, pour Épicure, de deux sortes : les affections de plaisir et de douleur, car il n'y a pas d'affection intermédiaire, neutre[1]. Et s'il est vrai que ce troisième critère est fondateur de l'éthique, il n'en reste pas moins qu'en vertu de l'unité de la philosophie, les affections contribuent aussi à la constitution correcte de l'étude de la nature. Les critères sont critères du vrai : les affections m'informent de ce qui est bon ou mauvais pour moi, c'est-à-dire qu'elles sont, prises isolément, par rapport aux autres, plutôt critères de l'action ; considérer les affections de la même façon que les autres critères, aide à maîtriser ces sources majeures d'erreur que sont les peurs, les angoisses. Par là, se régler strictement sur les affections existantes, et non imaginaires, libère l'esprit, et lui permet d'utiliser correctement les critères de la connaissance. Ainsi pour la mort : si je considère strictement ce qui m'affecte en mon corps, je ne peux plus considérer la mort comme un mal pour moi ; ainsi, je peux alors considérer plus sereinement la nature physique de la mort, et me renforcer dans cette sérénité recherchée. Et en dernier lieu on doit reconnaître que la sensation est aussi une affection ; c'est pourquoi il n'y a pas d'hétérogénéité entre le premier et le troisième critère : la sensation est une affection, et elle est nécessairement soit plaisante soit douloureuse.

---

1. Cela est apparu comme une gageure de nier l'existence d'un état neutre que d'autres affirmaient, tels les Cyrénaïques, dont Épicure a combattu les thèses.

Les instruments de la méthode prescrite viennent d'être présentés : ces préalables méthodologiques seuls permettent de s'avancer vers ce qui ne nous est pas donné, et qui sans cela est l'objet des spéculations les plus débridées : ce qui est en attente (de confirmation) et l'inévident, c'est-à-dire l'inévident par accident, aussi bien que l'inévident par soi. Le raisonnement avance donc par inférences, et l'inférence est inductive : l'on part du particulier vers le général, par une induction amplifiante vérifiée par la confirmation, par exemple le fait que tout corps visible peut être partagé ; l'on part de ce qui est visible pour penser l'invisible, et cela correspond à l'induction par analogie (vérifiée par non-infirmation), par exemple qu'il doit finalement exister des corps que l'on ne peut partager. Ce qui est exclu, c'est un raisonnement purement formel (significativement, Épicure refusait d'utiliser le principe du tiers-exclu, notamment dans le cas des propositions portant sur le futur : aucune formalisation ne peut réduire l'indétermination des possibles ; l'on doit refuser la réduction à une disjonction A ou non-A ; le possible c'est A ou B ou C...). Le raisonnement étant toujours appliqué se règle sur ce qui est, et se refuse à statuer sur ce qui n'est pas.

I. 2 Les principes de l'étude de la nature :
l'inévident (§ 38-45)

Après ce rappel des préceptes méthodologiques, les principes les plus généraux atteints en accord avec ces préceptes sont introduits. Dans la perspective d'une exposition synthétique, c'est des réalités inévidentes ou non-évidentes qu'il faut partir, c'est-à-dire du terme que la méthode a permis d'atteindre.

Ainsi, conformément à ce qu'indique le premier précepte, l'*adèlon* est à prendre en son premier sens – celui de non-évident, c'est le domaine de ce qui ne se voit pas, mais qui peut être pensé. Cela renvoie aux réalités les plus générales et les plus fondamentales : l'être, le tout et ce dont tous deux se composent. Ces principes ni posés, ni démontrés au sens syllogistique, sont établis par le raisonnement inductif.

I.2.1 Principes de la génération et du changement (§ 38-39)

Épicure présente pour commencer les principes, ou axiomes, les plus généraux auxquels est parvenue l'étude de la nature[1]. Ainsi, les axiomes portant sur l'être, le tout et ensuite leurs éléments, vont expliciter le sens de ces notions fondamentales, sans qu'il s'agisse de définition ou de stricte démonstration, même si un raisonnement inductif a conduit jusqu'à eux.

– L'être (§ 38-39)

L'inévident n'est pas le domaine du non-être, comme on pourrait le penser, en identifiant trop rapidement l'être au visible (à la manière de ce matérialisme vulgaire stigmatisé par Platon dans le *Théétète*). Cela découle d'un axiome important, que l'on rencontre dès avant Épicure, dans la tradition des penseurs présocratiques, précisément dits « physiologues » : rien ne devient à partir de ce qui n'est pas. On peut parmi d'autres citer Empédocle : « De ce qui n'est pas, le moyen de naître ?/ Il ne se peut d'aucune manière que ce qui est soit aboli/ Car on le verra toujours posé là où l'on a pris appui »[2]. Cela signifie donc que s'il y a devenir, c'est nécessairement à partir de l'être : l'inévident, le fond des choses que l'on ne voit pas, doit ainsi être de l'être, et non pas du non-être.

Deux arguments sont livrés : 1) concernant le passage du non-être à l'être : si l'être surgit à partir de ce qui n'est pas, alors n'importe quoi peut surgir de n'importe quoi, et il n'y a plus de loi observable de la génération ; mais cela est infirmé par l'expérience : nous observons sans cesse des régularités, et il est donc légitime de parler de semence ; 2) concernant le passage de l'être au non-être :

---

1. Épicure n'emploie pas ici le terme d'*axiôma* ; il l'utilise rarement, mais on le trouve en bonne place au début de la *Lettre à Pythoclès* (§ 86) où il est question de ne « pas pratiquer l'étude de la nature en s'appuyant sur des principes vides (*axiômata kena*) et des décrets de loi ». Tout *axiôma* n'est pas vide, et deux lignes plus bas, dans la *Lettre à Pythoclès*, Épicure évoque en écho l'opinion vide, qui n'est qu'une espèce d'opinion.

2. B 12 DK (46 Bollack), trad. Bollack ; cf. déjà Mélissos, B 1 et 2 DK ; on peut compléter par le passage du *De Melisso Xenophane Gorgia*, 2, 6 ss. (= 44 Bollack) ; cf. encore Anaxagore, B 17 DK (et Aristote, *Physique*, I, 4, 187 a 34-35) ; Démocrite, A 1 DK (D.L., IX, 44).

si ce qui périt devient du non-être, alors il ne devrait plus rien exister. On le voit, le deuxième argument suppose que le premier soit maintenu comme valide (puisque l'être ne s'augmente pas d'un supplément provenant du non-être) : ils se complètent donc. Le deuxième argument est d'ailleurs préfiguré chez Anaxagore (fr. B 3), disant que l'être ne peut cesser d'être[1].

Ainsi que le souligne E. Asmis, « Épicure réduit la contradictoire de l'hypothèse "rien ne vient du non-être" à une incompatibilité avec les phénomènes[2] » ; la vérité de cet axiome ne vient pas de ce qu'il est évident par lui-même, ou de ce qu'il serait la conclusion dérivée de prémisses non empiriques, mais « il le prouve par une inférence à partir de l'observation selon laquelle tout ne vient pas de n'importe quoi »[3].

– *Le tout (§ 39)*

L'axiome concernant le tout, deuxième réalité inévidente, après l'être, affirme son immutabilité. Le tout est immuable dans le temps, de sorte qu'il ne subit aucune altération : identité à soi. Ici encore, deux arguments vont être fournis : 1) on exclut un mouvement du tout vers l'extérieur – si le tout se comprend couramment comme ce qui ne laisse rien hors de lui, alors il est impossible qu'il se déplace vers quelque chose (lieu) qui le ferait changer ; 2) inversement, et pour la même raison, on exclut un mouvement de l'extérieur vers le tout – le mouvement doit être interne au tout, il ne peut être imprimé de l'extérieur vers le tout. J. Brunschwig propose de

---

1. Cette idée est reprise par Épicure pour rejeter la divisibilité à l'infini, et pour établir l'existence de l'atome, au § 56. Il est à noter encore que le double argument que l'on trouve ici est très largement développé, et dans le même ordre, par Lucrèce, au livre I de son poème : après le principe de stabilité de l'être (rien ne naît de rien), v. 150-158, se trouve développé le premier argument, v.159-215, puis le second, v. 216-265, suivi d'une conclusion, v. 266-271. Le développement du premier argument (159-160 exemplifié jusqu'à 173), en cinq arguments complémentaires montre bien alors que l'enjeu de cet axiome de l'être est aussi l'existence de la cause – l'axiome sur l'être et le non-être apparaît ainsi comme une version du principe de raison (chaque chose existe en fonction d'une cause déterminée).
2. Dans *Epicurus'Scientific Method*, p. 230.
3. *Op. cit.*, p. 231.

parler à ce propos d'« hypothèse excursive » et d'« hypothèse incursive[1] ».

I.2.2 L'être du tout (§ 39-41)

Les deux réalités les plus fondamentales évoquées par les deux axiomes initiaux – être et tout – sont rassemblées, dans l'ordre des raisons l'on en vient à reconnaître maintenant leur identité : « le tout est ». L'être prédiqué du tout prend un sens existentiel, alors qu'il ne l'avait été auparavant que dans un sens véritatif – ainsi, le tout est lui-même, et rien n'est en dehors de lui. Non seulement l'être est, et le non-être n'est pas, non seulement le tout exclut autre chose que lui-même, mais l'on peut affirmer désormais que si l'être est par exclusion du non-être, c'est parce qu'il se confond avec le tout, si le tout n'a rien en dehors de lui, ne reçoit ni ne donne aucun mouvement hors de lui, c'est parce qu'il est la totalité de l'être. En affirmant cette identité de l'être et du tout, Épicure rejoint une longue tradition philosophique, mais il tend à fonder cette proposition analytiquement. Ainsi, l'on va pouvoir expliquer comment *le tout qui est* se meut en lui-même. C'est cela qui conduit à mettre en place les corps et le vide ; leur existence se déduit de ce qui précède.

– Les corps et le vide sont (§ 39-40)

Le tout n'est pas défini comme corps et vide ; l'idée de totalité se confond avec celle de l'être, mais si le tout est, cela signifie d'abord que le tout est corps, car ce dont nous connaissons d'abord l'existence, par les sens, ce sont les corps. Le tout est donc, au moins en partie, constitué de corps.

La connaissance du deuxième élément, le vide, dépend quant à elle de deux prémisses, dont l'une est que *les corps*

---

1. Cf. « L'argument d'Épicure sur l'immutabilité du tout », notamment p. 138. Signalons qu'un fragment d'Empédocle annonce l'hypothèse incursive : « ce tout, qu'est-ce qui viendrait l'accroître ? surgissant d'où ? » (B 14, 31 DK = 31, 31 Bollack, et aussi 48 Bollack) ; mais il s'agit pour Empédocle d'exclure l'existence du vide ; c'est en un sens ce que fait Épicure, puisqu'il rejette l'hypothèse d'un vide entourant le tout. Enfin, le rapprochement doit être fait avec Lucrèce, II, 304-307, qui use là des mêmes arguments, et aussi, III, 816-818 (= V, 361-363).

sont, comme cela vient d'être dit, tandis que la seconde est tirée de l'observation également, à savoir que *les corps se meuvent*. Or, pour que les corps se meuvent, il ne faut pas qu'il y ait seulement des corps : en conséquence, le mouvement que l'on voit ne peut s'expliquer que par un deuxième élément qui entrera dans le tout, soit le vide, appréhendé ici dans sa dimension spatiale. De là l'approche négative : sans vide, les corps ne peuvent ni être ni se mouvoir[1].

Une fois la nature corporelle et la nature du vide identifiées, Épicure affirme que l'on ne peut rien concevoir d'aussi fondamental que ces deux natures, rien qui ait une aussi grande généralité : puisqu'il s'agit de rendre compte de ce qui est tel qu'il nous apparaît, c'est-à-dire de corps et de mouvements, pour cela, corps et vide suffisent. Tout le reste ne sera que des caractères concomitants ou accidentels des corps (cf. plus loin, § 68-73)[2].

La pensée de la totalité est atteinte d'abord par une connaissance embrassante, qui, de l'expérience de l'existence des corps, induit que les corps sont une nature générale ; elle est prolongée par une connaissance qui procède analogiquement par rapport à ce qui est embrassé, en l'occurrence le mouvement ; cette dernière est ainsi conduite à inférer l'existence du vide, deuxième nature générale. Le mouvement ne sera en revanche qu'un élément accompagnant les corps, car il ne peut y avoir de mouvement sans corps.

– Les corps : composés et atomes (§ 41)

Les corps que les sens nous font connaître présentent une variété de forme, de taille, à partir de laquelle nous pouvons inférer qu'ils sont composés de corps plus petits. Le raisonnement inférentiel conduit à observer qu'il y a d'une part les corps composés, d'autre part les corps dont les composés sont faits. Épicure fait ici l'ellipse du raisonnement complet que l'on trouvera plus loin (§ 56-59) : à supposer que le

---

1. On regardera en parallèle *L. à Pyth.*, § 86, pour la définition complète du tout ; cf. aussi Sextus Empiricus, *Adv. math.*, IX, 333 (75 Us.) ; Plutarque, *Contre Colotès*, 1112 e (Us. 76).
2. Cf. en parallèle, Lucrèce, I, 445-458. Il en résulte que l'existence de toute espèce de réalité intelligible est exclue.

corps composé se décompose en composés plus petits, il n'en faut pas moins que l'analyse rencontre un terme à cette décomposition : ce sont les corps insécables, c'est-à-dire les atomes. L'on remarque que l'argument applique le deuxième axiome sur l'être, celui qui exclut la possibilité que l'être s'abîme dans le non-être.

L'on constate que les atomes ne diffèrent pas substantiellement des autres corps : parmi les corps, ils sont les corps simples, c'est-à-dire non composés. Cela se traduit par deux caractères : l'insécabilité et l'immutabilité ; c'est le premier de ces deux caractères qui est retenu pour désigner ce type de corps : *a-tomos*, « atome ». Enfin, ce qui fait la nature propre de ce corps simple, c'est, comme le dit Épicure, d'avoir une nature pleine[1]. Pour cette raison, ils sont insécables, puisqu'il n'y a pas de passage par où opérer la décomposition de ces corps. Pas de passage : pas de moyen donc non plus. La conclusion est que, pour les corps, les principes sont nécessairement ces corps simples.

I.2.3 Le tout illimité (§ 41-42)

– Selon la signification même du tout (§ 41)

Ce développement reprend en l'approfondissant l'axiome du tout présenté initialement (I.2.1). Le tout est illimité, s'il est vraiment le tout : en effet, pour avoir une limite, il faut avoir une extrémité, qui n'est discernable que par différence avec ce qui n'est pas elle, qui la jouxte. Mais l'axiome du tout a permis d'établir que la notion du tout exclut celle d'extrémité : le tout ne serait plus le tout, mais une partie d'un tout plus grand, englobant cet agrégat pourvu d'une extrémité et d'autres agrégats, ou des espaces interstitiels. S'il est contradictoire de penser une extrémité du tout, alors le tout est sans limite, littéralement « illimité » (*apeiron*).

– Selon les données de l'expérience (§ 41-42)

Le raisonnement, d'abord fondé sur l'analyse du sens du tout, se traduit sur le plan proprement physique. De ce que le tout est illimité, l'on infère que cette illimitation vaut aussi bien pour les corps que pour le vide. En effet, il serait

---

1. Cf. aussi Lucrèce, I, 498 et suiv., surtout, 524-527.

contradictoire au regard des faits que l'une des deux natures constituant le tout soit illimitée, et l'autre limitée. Avec un vide illimité et des corps en nombre limité, aucun agrégat ne pourrait se constituer, puisque les corps ne se rencontreraient jamais – ce qui est contredit par les faits. Et l'hypothèse inverse est tout aussi impensable : il n'est pas possible de loger dans un espace fini un nombre infini de corps.

I.2.4 Les atomes (§ 42-44)

– Formes indénombrables, quantité illimitée (§ 42-43)

Épicure prend soin de distinguer, ici et en certaines autres occasions[1], trois types de quantité ou de grandeur : limitée, illimitée et indénombrable, soit dans ce dernier cas une quantité très grande mais limitée. Ce troisième type est requis dans le cadre d'une recherche visant la cohérence des représentations, afin d'introduire du point de vue gnoséologique une nuance dans notre appréhension du limité, qui sera *pour nous* soit dénombrable soit indénombrable ; Épicure évite ainsi de devoir admettre l'illimité chaque fois que nous ne pouvons pas embrasser le limité. Par là même, l'on évite aussi la contradiction.

En effet, l'on ne peut embrasser par l'esprit toutes les formes des atomes desquelles les différences visibles sont issues ; il faudrait admettre qu'un nombre indéfini de différences résulte d'un nombre limité de différences initiales. Or, l'on n'a pas les moyens de vérifier ce point, et il est en outre plus cohérent de considérer que les différences visibles résultent de deux facteurs distincts : un nombre illimité pour chaque forme d'atomes, un nombre indéfini de différences de formes. Si l'on concédait un nombre illimité de formes, l'on tomberait dans la contradiction : il faudrait alors admettre qu'une infinité de formes atomiques ait une grandeur visible. Par ailleurs, le nombre illimité des atomes se déduit de ce que nous connaissons déjà, c'est-à-dire l'illimitation du tout et des corps qu'il comprend.

---

1. Pour penser la vitesse des atomes notamment, cf. § 61-62.

Au contraire, Démocrite avait admis l'infinité des formes[1], parce qu'il n'y a pas de raison, nous rapporte Théophraste, qu'un atome soit de tèlle forme plutôt que de telle autre : cette remarque renvoie à un point central de la théorie de la connaissance démocritéenne, elle fait référence au principe d'indifférence que Démocrite mettait aussi en œuvre pour établir le nombre illimité des atomes, qui dans l'illimité n'avaient pas plus de raison de se trouver ici plutôt que là[2]. Seul l'argument portant sur le nombre des atomes est, on le voit, repris par Épicure. De fait, la position de Démocrite sur le nombre illimité des formes se trouvait poussée à la contradiction par Aristote, qui concluait de ces prémisses à la grandeur visible de certains atomes. En effet, s'il existe vraiment des indivisibles, il devrait y en avoir aussi de grande taille, car il n'y a pas de raison pour que les petits corps soient plus indivisibles que les grands[3]. Épicure apporte donc à cette objection une première réponse qu'il précisera plus loin (§ 55-56).

– *Mouvements des atomes (§ 43-44)*

Les atomes sont doués d'un mouvement qualifié de continu dans la durée, pour une raison qui apparaît à la fin du développement : c'est un mouvement sans fin parce qu'il n'a pas eu de commencement.

Selon Démocrite déjà, le mouvement est éternel. Aristote s'interroge à plusieurs reprises sur cette position ; ainsi : « C'est pourquoi, à Leucippe et Démocrite, qui disent que les corps premiers se meuvent éternellement dans le vide, il faut demander de quel type de mouvement il s'agit, et ce qu'est pour eux un mouvement naturel »[4]. En fait, la situation d'entre-choc est naturelle : les atomes se meuvent dans

---

1. Cf. Aristote, *De la génération et de la corruption*, I, 1, 314-315 (67 A 9 DK) ; Théophraste, *Opinions des Physiciens*, fr. 8 (cité par Simplicius ; 67 A 8 DK).
2. Cf. E. Asmis, *Epicurus' Scientific Method*, p. 265.
3. C'est ce que montre Aristote dans le *De la génér. et de la corr.*, I, 8, 326 a.
4. Aristote, *Du ciel*, III, 2, 300 b 8. La question de sa nature et de son origine est soulevée dans *De la génér. et de la corr.*, loc. cit. Dans *Physique*, VIII, 1, 252 a 32 a, Aristote condamne la réponse par l'éternité ; de même le fait qu'il soit sans direction donnée.

toutes les directions – n'ont pas de poids qui les fasse chuter en ligne droite. C'est pourquoi la question de l'origine du mouvement ne se pose pas vraiment pour les Abdéritains : Démocrite évoque la nécessité, mais aucune cause n'est vraiment requise, puisque le monde est d'emblée discret, et non compact[1]. En fait, les atomes disposent en eux-mêmes du mouvement (par leur *rhusmos*, la forme en mouvement) ; ou encore, l'être est toujours en mouvement, c'est-à-dire en état de différenciation par rapport au vide, au non-être. Leucippe et Démocrite rompent avec la structure théogonique de l'origine absolue[2].

Pour Épicure aussi, héritier de cette position, bien que récusant une nécessité principielle, les atomes et le vide sont causes à part égale, de sorte que l'on ne peut poser l'antériorité de l'un par rapport à l'autre. Il en résulte que pour lui aussi le mouvement des atomes dans le vide n'a pas commencé d'être, mais toujours les atomes ont été placés dans le vide, toujours la différence entre les atomes et le vide a causé le mouvement des atomes. C'est ce qu'explique le début du § 44 : l'atome se délimite et se détermine par rapport au vide qui l'entoure[3], et c'est cette situation même de l'atome dans le vide qui est la cause de son mouvement, puisque le vide ne peut soutenir l'atome. C'est donc, même si cela n'est pas encore précisé, que le corps est pesant : la différence entre l'atome et le vide, c'est le poids. Ainsi, deux cas principaux se présentent lorsque l'on s'efforce de penser le mouvement des atomes : dans le vide, les atomes ont un mouvement divergent, ou bien convergent. Épicure présente cela comme une alternative qui atteindrait les atomes de façon indéterminée. Si l'on

---

1. Cf. pour l'ensemble, C. Bailey, *Epicurus and the Greek Atomists*, p. 85.
2. Cf. Cicéron, *Des fins*, I, 6, 17 : « Selon Démocrite, les atomes (c'est ainsi qu'il les appelle), autrement dit des corpuscules, qui sont indivisibles à cause de leur solidité, répandus dans le vide infini, où il n'y a ni haut ni bas, ni rien qui soit le plus extérieur, sont portés de telle sorte que, par suite de rencontres, ils s'attachent les uns aux autres, et ainsi se produit tout ce qui est et tout ce que nous voyons ; ce mouvement des atomes doit être compris comme n'ayant eu aucun commencement, mais comme ayant existé de toute éternité. »
3. Cf. Lucrèce, I, 524-527.

s'attache pour l'instant au seul texte d'Épicure, il faut supposer que dans le vide infini, qui n'est pas orienté absolument, mais seulement relativement (voir plus loin § 60), les atomes en nombre infini ne suivent d'autre direction que celle que leur poids (dont il sera question à partir du § 54) imprime, les faisant chuter dans le vide infini.

Le mouvement se conserve indéfiniment : c'est pourquoi Épicure précise bien qu'ils se meuvent continûment. Et lorsque les atomes s'enchevêtrent, la quantité de mouvement qu'ils ont se conserve, et devient une pulsation, une vibration (*palmos*), celle-là même qui est en chaque corps vivant. Deux cas sont alors évoqués : celui des atomes qui s'enchevêtrent, et celui des atomes qui sont recouverts par un enchevêtrement d'atomes. L'enchevêtrement se stabilise tout en conservant un mouvement interne, lorsque le mouvement contraint des atomes qui tendent à se libérer est limité : la vibration en retour (*apopalmos*) provoque un retour à la position initiale (*apokatastasis*).

Épicure indique ainsi dans quelle voie il faut se diriger pour penser les différences de densité des corps : du plus compact au plus rare, du moins vibrant au plus vibrant, du plus inerte au plus mobile. Nous apprenons ainsi de Galien : « Épicure pense que toutes les attractions s'expliquent par des contre-vibrations et des enchevêtrements d'atomes » (fr. 293 Us.). Tel est tout spécialement le cas de la pierre de magnésie, ou d'Héraclée, c'est-à-dire l'aimant[1].

I.2.5 Conclusion (§ 45)

« Une formule de cette force, si l'on se souvient de tous les points abordés, livre l'esquisse suffisante d'une réflexion appliquée à la nature de ce qui est. » Ainsi se clôt la première partie de la lettre, qui constitue le résumé des principes essentiels de l'étude de la nature, le résumé du résumé. La lettre-résumé illustre donc elle-même la manière dont on peut passer du plus dense au plus développé, avec une diverse précision. Ainsi, Épicure restera très bref sur la cosmologie, mais détaillera beaucoup plus l'analyse de notre faculté de connaître.

---

1. Cf. sur ce point Lucrèce, VI, 906-1089.

Deuxième partie :
Développement de l'étude de la nature
Structure et propriétés des corps (§ 45-76)

II.1 Cosmologie : les mondes en nombre illimité (§ 45)

La proposition générale est d'abord introduite, suivie de l'explication. Ce mode d'exposition réapparaît ensuite à plusieurs reprises.

– *Tout et monde*

Si le tout est illimité, si par suite le vide est illimité et les corps premiers en nombre illimité, il s'ensuit que les mondes sont eux-mêmes en nombre illimité. Se référant à la notion première, Épicure ne fait pas coïncider « tout » et « monde ». Comme on l'a vu, « tout » pour lui implique une illimitation ; en revanche, « monde » signifie d'abord un ordre, un ensemble circonscrit. De la réflexion sur la limite et l'illimité, Épicure a tiré par inférence que le tout étant un ensemble sans limite, il devait pouvoir contenir plusieurs ensembles limités. Mais s'il est illimité, le nombre de ces ensembles limités doit être illimité.

– *Des atomes au monde*

L'inférence est en réalité conduite à partir de ce qui nous apparaît, et la position d'Épicure conduit premièrement à refuser de circonscrire le tout dans les limites que nous apercevons de notre *kosmos* : puisque certains atomes dans le tout doivent s'éloigner indéfiniment, le tout excède infiniment les limites de notre monde. L'argument est lié à celui qui valait déjà pour établir l'infinité du nombre des atomes, et qui reposait sur le principe d'indifférence[1].

– *Les mondes en nombre illimité*

Deuxièmement, puisque le nombre des atomes est illimité, ce n'est pas un seul monde qu'ils constituent, le nôtre, ni même plusieurs : qui développe toutes les implications de cette proposition doit reconnaître que les atomes sont toujours en excédent par rapport à un nombre quelconque de mondes, qu'il s'agisse des mondes semblables au nôtre, ou

---

1. Cf. plus haut, p. 71.

des mondes dissemblables. S'il y a un nombre illimité de mondes, il faut donc dire que certains ressembleront au nôtre, d'autres non. L'argument n'est pas davantage développé ici, et il faut le compléter par ce qui est dit plus loin, au § 74, et par la *Lettre à Pythoclès*, § 88-89.

Comme dans le cas des atomes, le nombre des formes cosmiques est élevé, il n'y a pas d'objection possible (par infirmation) à l'hypothèse que d'autres formes que celle de notre monde existent (au moins pour la raison que nous ne pouvons même pas dire exactement quelle est la forme de ce monde-ci : § 89), mais il n'est pas illimité. Il y aura un nombre illimité de mondes ayant la même forme que le nôtre, et un nombre illimité de mondes d'autres formes. Si bien que du point de vue du vide illimité aussi bien que du point de vue des atomes en nombre illimité, nous devons reconnaître – vérification négative – que rien ne s'oppose à ce qu'il y ait un nombre illimité de mondes.

II.2 Gnoséologie : sens et perception (§ 46-53)

Le modèle du contact est appliqué à tous les sens : la sensation revient en dernier lieu à un mouvement d'atomes provoqué par le contact d'un corps sentant avec un autre corps qui l'atteint. Pour le toucher et le goût, le contact est immédiatement visible ; pour les autres sens, il faut un intermédiaire entre le corps perçu et le corps percevant. Un mouvement physique, atomique, doit se produire. L'hypothèse que reprend Épicure à la tradition présocratique (Démocrite, et, au-delà, Empédocle), est celle d'émanations (*aporrhoiai*), et plus spécialement pour la vue, d'effluves s'écoulant du corps perçu. Comme Démocrite, il parle à propos de la vision d'un flux d'*eidôla*, de simulacres. Mais à la différence de Démocrite, ces simulacres pénètrent dans les organes de la vision (comme pour Empédocle).

II.2.1 Les simulacres, condition de la vision (§ 46-47)

Un flux continu de simulacres se forme à la surface du corps : on ne les perçoit pas un à un, mais globalement, c'est-à-dire dans l'image globale, qu'ils vont permettre de recomposer, du corps dont ils sont l'émanation. Les § 46-47 expliquent que de la surface (*to periekhon*) des corps se

détachent des effluves ou émanations (*aporrhoiai*). Ce flot
(*rheuma*) d'effluves est constitué de répliques (*tupoi*) encore
appelées simulacres (*eidôla*) ; il est mû par un mouvement,
la *palsis*. L'ensemble produit une image (*phantasia*) qui parvient aux sens, et entre en nous.

– Caractères généraux : les répliques du corps (§ 46)

Il s'agit de rendre compte de la perception. Épargnant au
lecteur toute discussion critique des théories jugées
partielles ou erronées, et passant sur l'ensemble des raisonnements qui ont permis d'épuiser les diverses hypothèses
causales, Épicure présente la seule théorie cohérente qui ne
soit pas infirmée par les faits ; d'où la formulation
négative : « il n'est pas impossible en effet ... », qui fait
suite à l'affirmation précédente – « il y a des répliques ... »,
qu'elle fonde. Cela remarqué, l'on peut tenter de distinguer
les différents éléments successivement introduits.

La proposition qui introduit les répliques insiste d'une
part sur l'identité parfaite de forme : ces « répliques »
(*tupoi*) redoublent le solide, elles sont « de même forme »,
et ainsi chaque parcelle du corps produit sa réplique ;
d'autre part sur leur caractère différentiel : elles ont une
« finesse », qui fait d'elles tout autre chose que cela même
qui apparaît (*phainomena*). Par cette finesse, chacune, prise
isolément, est invisible.

L'explication combine les traits de différenciation et
d'identification des répliques par rapport aux corps. Les
répliques se séparent du corps par « détachement » ; cela se
fait précisément au niveau de la couche extérieure des
corps, qui est poreuse[1]. Mais ces répliques ont du relief, de
la profondeur, en même temps qu'elles sont très fines ;
ainsi, la réplique qui se forme à la surface du corps reproduit
exactement les caractères de ce dont elle est issue. Toutefois, les répliques s'éloignent parce qu'elles sont, comme il
est dit maintenant, des « effluves » : elles sont douées de
mouvement. Ce point n'est pas développé ici mais plus loin,
au § 48, où sera introduite l'idée d'un mouvement interne,
d'une vibration, qui explique cette production renouvelée,
continue, de répliques à la surface du corps.

---

1. Cf. J. et M. Bollack, H. Wismann, *La Lettre d'Épicure*, n. 2 p. 186s.

Tout en s'éloignant du corps, les effluves qui en émanent conservent à la fois la *thesis*, c'est-à-dire la position de l'ensemble de ces effluves par rapport au corps : ceci détermine donc la position des effluves les uns par rapport aux autres, et la *basis*, qui est la position par rapport à l'espace[1]. Ainsi, non seulement les effluves reproduisent la totalité du corps, mais en outre ils vont se déplacer en respectant l'orientation spatiale du corps observé par rapport à l'observateur, de telle sorte qu'un objet droit apparaîtra droit et non oblique, etc. En outre, les effluves produits de façon continue par le corps nous parviendront successivement, en ordre : si un corps se déplace en ligne droite puis se met à tourner, les effluves nous parviendront dans le même ordre, de telle sorte qu'ils nous restitueront fidèlement le mouvement même du corps[2].

– Déplacement et vitesse des simulacres (§ 46-47)[3]

La proposition générale touchant le mouvement dans le vide (évoquée aux § 43-44, mais précisée au § 61) est rapportée au mouvement des simulacres : en raison de leur finesse (dont il sera à nouveau question au § 47), ils circulent sans heurt, comme à travers le vide (c'est-à-dire de

---

1. Cf. *op. cit.*, p. 187s.
2. La théorie pose un problème délicat, qui n'est pas abordé ici : celui de la diminution des simulacres. On doit supposer, pour rendre compte de la perception effective, que cette diminution est homogène, par frottement dans l'air ; deux textes, soulignant deux éléments distincts, seraient à prendre en compte : 1) d'après Sextus, *Adv. math.*, VII, 209, il y a réduction proportionnée des simulacres ou des parties du simulacre : ils s'usent tous proportionnellement, jusqu'à s'évanouir. Inversement, plus on s'approche, plus l'objet sensible grossit ; 2) d'après Lucrèce, IV, 353-363, dans un simulacre, ce sont les parties extérieures qui vont subir la plus grande déformation (la tour s'arrondit). Une exception serait celle du soleil, qui est tel qu'il apparaît, ou à peu près : cf. *L. à Pyth.*, § 91 et Lucrèce, plus tranché, V, 565-612. En rapprochant les deux, l'idée serait que la luminosité du soleil se propage sans déperdition de son intensité, donc que le soleil est aussi gros qu'il apparaît, ou à peu près. Mais Épicure insiste bien sur la distinction entre la grandeur du soleil rapportée à nous, et sa grandeur considérée en soi, de sorte qu'il s'interdit de trancher univoquement. Le raisonnement s'appuie sur une analogie, mais elle n'est pas considérée comme suffisante (de même, Lucrèce en vient finalement à envisager qu'il y a peut-être une masse de feu invisible autour du soleil, V, 610-613).
3. Cf. aussi Lucrèce, IV, 70-71 ; 176-216.

façon équivalente à ce qu'est le mouvement des atomes dans le vide pur). La grandeur spatiale évoquée est limitée, puisqu'elle peut être embrassée par l'esprit ; le temps dans lequel les simulacres se déplacent est dit « inconcevable », tout comme était dit inconcevable le nombre des formes atomiques : nous pensons certes cette durée, mais nous ne pouvons la concevoir, car elle semble instantanée, si rapide est le mouvement des simulacres, et ce, quelle que soit la distance parcourue (dans les limites du représentable). Nous avons donc une distance que la pensée peut embrasser, parcourue en un temps inférieur au temps que la pensée peut concevoir. Ce temps « inconcevable », est un temps très court, qui semble à la fois requérir une durée et ne pas en avoir.

En effet, le simulacre ne connaît pas la résistance, et de ce fait, on peut dire qu'il se meut extrêmement vite ; la vitesse, par différence avec la lenteur, étant l'équivalent sensible d'un déplacement dans le vide qui n'est pas entravé par un ou des corps. Toutefois, le simulacre ne se déplace pas dans le vide pur[1] ; si c'était le cas, il irait aussi vite que tout autre atome, il n'y aurait pas de différenciation de vitesse (cf. § 61). Et en fait, pour qu'il y ait des simulacres, il faut qu'existent les corps composés.

Donc (§ 47), si les simulacres ne sont pas empêchés, ils vont de A à B, ou de A à C, nécessairement en une certaine durée, puisqu'ils se déplacent. Mais ces durées ne peuvent être perçues par les sens, en raison de leur brièveté : les simulacres semblent aller aussi vite de A à B (1 :1) que de A à C (1 :2). Ainsi, il n'y a pas, du point de vue de la perception sensible, de décalage entre l'objet et le simulacre – un retard de transmission de l'image n'est pas discernable. La raison refuse d'admettre qu'un simulacre parvienne en plusieurs endroits en même temps, alors même que dans le temps sensible une foule de simulacres semble arriver simultanément au même point, et ce quel que soit leur point d'origine.

---

1. Cf. la description de Lucrèce, IV, 177 : c'est dans l'air que voyagent les simulacres.

Mais Épicure n'en reste pas là : en mettant l'accent sur cette durée du déplacement, il oppose la durée que perçoit la raison (comme une nécessité déduite), au temps sensible, perçu sensiblement (instantanéité), lequel ne permet pas, dans le cas des images, de soupçonner immédiatement qu'il y ait un décalage, si infime soit-il, entre l'émission des simulacres et leur aboutissement en un point quelconque.

Finalement, la raison déduit des conditions du mouvement que les simulacres ont une durée de déplacement, alors même qu'ils semblent ne pas en avoir, et de ce point de vue leur mouvement, conçu comme ne connaissant pas de heurt, et donc pas de résistance (selon la perception sensible), subit en même temps comme une résistance. Pour inconcevable qu'elle soit, leur vitesse n'est pas absolue, ce que l'on croirait si l'on s'en tenait naïvement à l'évidence sensible.

La finesse (§ 47), qui a déjà été avancée au paragraphe précédent, confirme la déduction concernant la vitesse : il faut comprendre qu'ils sont composés des plus fins atomes ; c'est ce qui les rend les plus mobiles dans un monde constitué. Car leur vitesse, insurpassable par rapport aux autres, est à proportion de la non-résistance[1]. C'est à ce titre que l'on comprendra l'opposition du mouvement sans résistance des simulacres, et celui des atomes. En effet, « Dans le monde des formes, les simulacres détiennent la même liberté que les atomes dans le vide imaginaire, tandis que les atomes qui s'en dépouillent, soumis au freinage dans les heurts constitutifs des corps solides, appartiennent à deux ordres différents »[2].

II.2.2 La perception (§ 48-50)

– *Formation des simulacres, et pensée (§ 48)*

Comme auparavant, une proposition générale est avancée, sur la vitesse de formation des simulacres, dont les raisons vont ensuite être développées. C'est la première liaison entre simulacres et pensée, qui anticipe sur le contenu du § 49.

---

1. Sur la finesse, cf. Lucrèce, IV, 110-127.
2. J. et M. Bollack, H. Wismann, *La Lettre d'Épicure*, p. 192.

Les simulacres suscitent les pensées : ils ne peuvent être postérieurs à elles, car alors nous verrions naître nos pensées. A l'inverse, si les simulacres allaient plus vite, nous ne penserions pas. Il y a donc correspondance. On est tenté de rapprocher de cette affirmation ce qui est dit au § 61, où l'on observe que la vitesse de la pensée est la référence qui permet d'approcher la vitesse de tous les atomes (lourds ou légers) dans le vide (qui n'offre pas de résistance) ; la vitesse de la pensée apparaît ainsi comme la plus grande qui soit (c'est la plus grande vitesse finie, puisqu'aussi bien il n'y a pas de vitesse infinie). Ici toutefois, la pensée est pensée concrètement comme le corrélat (et non l'effet) de la production des simulacres : le simulacre va aussi vite que la pensée (qui est notre référence), parce qu'il y a stricte coïncidence entre le perçu en son origine, et le percevant dans la forme dynamique de la connaissance (l'élan de la pensée)[1].

Vient à la suite l'explication : qu'il n'y ait aucun écart entre production de simulacres et pensée est établi par plusieurs caractéristiques complémentaires de ces simulacres :

1 - l'écoulement (*rheusis*) est continu et non intermittent (la perception s'interromprait de la même façon) ;

2 - c'est le développement du premier point : cet écoulement continu ne se traduit par aucune perte significative pour le corps, puisqu'elle est en permanence compensée par un afflux d'atomes venant de l'extérieur (l'on ne perçoit pas en effet que le volume du corps diminue)[2]. Tout se passe à la surface du corps, qui est une zone d'échange permanent avec l'extérieur (le corps vivant configure son espace) ;

3 - l'écoulement est coordonné, il conserve « la position et l'ordre » des atomes de la surface du corps ;

4 - Mais il y a trois cas de transmission de simulacres à distinguer[3] :

---

1. La sensation immédiate et la prolepse supposent un acte d'attention ; elles ont en commun d'être des appréhensions (*epibolai*).
2. Cf. Lucrèce, IV, 145-146 ; le processus est envisagé en détail par Plutarque, *Contre Colotès*, 1116 C.
3. Pour les trois types de simulacres (dans l'ordre c-a-b), cf. Lucrèce, IV, 736.

a) le cas le plus fréquent examiné jusqu'ici, de la réplique conforme, qui reproduit le corps et se reproduit comme telle (sans autre déformation que celle de l'usure) ;

b) le cas de la réplique qui s'altère et se décompose, en raison du milieu extérieur (opacité, obstacles, résistance de l'air)[1] ;

c) enfin, les simulacres qui ne sont pas la réplique conforme d'un corps, car ils ne prennent pas son empreinte, mais sont une formation spontanée « dans l'air »[2].

Le développement est conclu par la référence à la non-infirmation : si la théorie est satisfaisante, c'est parce qu'elle rend compte adéquatement de la perception sensible et de ses diverses formes. Pour que chacun s'en persuade, il faut s'appliquer à penser la relation physique de la force des simulacres avec le corps émetteur et le corps récepteur, afin de comprendre de façon satisfaisante comment nous (récepteurs) entrons dans une relation de connaissance avec les réalités extérieures (émetteurs). Épicure nous invite à penser la transformation d'une force en pensée.

Par là même, c'est la relation de connaissance que fonde la « co-affection », c'est-à-dire la *sumpatheia*, que l'on se met en mesure de penser. Ce concept, un peu déroutant, est réemployé peu après au § 50. Il apparaît ici comme une liaison entre le corps extérieur et notre corps, qui repose sur la médiation des simulacres : il ne s'agit pas seulement de nommer la force, mais d'en nommer la qualité propre, en l'occurrence la propriété d'établir une liaison de co-affection, qui fait qu'un corps est affecté par un autre (c'est d'ailleurs une propriété réversible). Au § 50, c'est de la co-affection entre le corps émetteur et le simulacre qu'il est question : la *sumpatheia* entre deux corps (perçu et perce-vant) se transmet donc par les simulacres (ils ont la *sumpatheia* puisqu'ils sont des répliques) ; le corps sentant est ainsi affecté, c'est-à-dire pénétré par l'image de l'objet. Par le simulacre s'opère donc une sorte de compénétration des deux corps.

---

1. Cf. Lucrèce, IV, 353ss.
2. Cf. Lucrèce, IV, 131-142.

– *La perception des formes (§ 49-50)*

Dans la proposition générale, vision et pensée sont asso-
ciées (§ 49), pour leur commune capacité à saisir des formes
(le vrai et le faux apparaissent seulement au § 50). Ainsi,
la pensée n'est pas isolée : elle prolonge la sensation, ou
encore la sensation s'achève en pensée, comme nous
l'avons déjà entrevu avec la corrélation simulacres-pensée,
et comme le confirme l'existence des prénotions. La condition nécessaire, commune à la perception et à la pensée, est
d'être affecté.

L'explication conduit d'abord à rejeter la théorie de
Démocrite (l'air intermédiaire)[1], et celle de Platon (le flux
igné qui va à la rencontre de l'effluve de l'objet, hors de
l'œil)[2]. L'on passe ensuite de la fine réplique (*tupos-
eidôlon*), qui a déjà été présentée, à la réplique dense (*tupos-
phantasia*), du simulacre à l'image. La co-affection conserve plus que jamais son importance.

Un caractère d'évidence s'ajoute à ces sensations (en
l'occurrence la *phantasia* visible), qui justifie leur valeur de
connaissance (le § 52 parle des « critères fondés sur les
évidences ») : l'*enargeia* c'est la donation de la chose
même, au sens où l'image nous donne « la forme même du
solide » (§ 50) : nous voyons la chose. Ce sont ces sensations qui sont vraiment la base de la connaissance vraie (cf.
§ 50), elles qui livrent la couleur et la forme même du corps
dont elles sont la réplique. Mais il faudra toutefois pouvoir
distinguer l'image du phantasme, et cela n'est pas encore
envisagé. Du reste, la sensation elle-même ne nous permet
pas de procéder à cette distinction entre image et phantasme
(cf. § 51).

Ainsi, la sensation ne doit surtout pas être comprise
comme pure réceptivité : ce que ces sensations font apparaître, c'est la présence en elles d'un mouvement d'attention
ou d'appréhension, commun avec la pensée[3]. Cet élément
commun aide à comprendre le passage de la sensation à la

---

1. Cf. Théophraste, *Des sens*, 50 (68 A 135 DK).
2. Cf. *Timée*, 45 b.
3. Mais le phantasme aussi s'appuie sur des appréhensions imagi-
natives : pour cette raison, il faudra comprendre ce qui conduit une
appréhension à dériver.

prénotion : du fait que toute connaissance implique une activité de la part du sujet, acte d'attention, d'appréhension, la prénotion se constitue au sein même de la sensation. Ainsi, le sujet reçoit des répliques qui s'unifient en une *phantasia*, à partir du moment où l'on se saisit de l'image *epiblètikôs*, par un acte d'attention (appréhension) de la pensée ou des sens (§ 50 ; un peu plus bas dans le même paragraphe, il est question d'une *phantastikè epibolè*, c'est-à-dire d'une appréhension de l'image, ou imaginative) : c'est cette attention qui fait vraiment naître l'image à la vue ou à la pensée[1].

II.2.3 Le faux et l'erreur : le jugement (§ 50-52)

– *Le principe du faux et de l'erreur (§ 50)*

L'appréhension de l'image, qui vient d'être analysée, est neutre. L'origine du faux consiste en un mouvement qui s'ajoute au premier mouvement d'appréhension. Ce mouvement qui double le premier n'est pas nécessairement faux, il peut être adéquat : le mouvement qui me fait percevoir une tour ronde se double d'un mouvement (le jugement par lequel se forme l'opinion) qui me fait reconnaître que cette tour est ronde. Si d'autres perceptions sensibles confirment que cette tour est carrée, le deuxième mouvement produit un jugement vrai. Mais si la tour m'apparaissait ronde à une certaine distance alors qu'elle est carrée, alors le jugement qui se contenterait de cette seule perception me ferait me tromper, et produirait le faux. On doit donc méthodiquement distinguer entre ces deux mouvements, pour ne pas perdre dans la confusion les critères du vrai.

En fait, ce deuxième mouvement est absolument nécessaire pour rendre compte de toute connaissance, puisque c'est ce qui fait que je reconnais quelque chose, que je l'identifie, que je puis dire : « c'est le cas », « ceci est un homme », etc. Ainsi, l'appréhension donne à l'image son unité et la reconduit à une prénotion, mais le jugement peut être conduit trop loin, si, en raison de conditions extérieures

---

1. Notons d'ailleurs que le *Traité anonyme sur les sens*, développant la doctrine épicurienne, dit bien que les sens « perçoivent » : se trouve alors employé le verbe *katalambanein*, le même que nous avons aussi dans D.L., X, 33, à propos de la prénotion.

troublées, il associe une image à une prénotion qui ne lui correspond pas[1]. L'erreur n'est donc qu'une possibilité.

– Le phantasme (§ 51)

Épicure s'attache à montrer que le phantasme n'est pas la condition suffisante, ni même nécessaire, de l'erreur.

Il s'agit en effet de l'image formée en l'absence d'un corps solide[2]. De fait, la formule du § 48 laissait supposer d'autres modes de constitution d'image que l'image constituée dans l'unité de la perception sensible liée par la co-affection (« il y a, du reste, ... ») : c'est en tant qu'objection à la thèse de la vérité des sensations qu'ils sont ici envisagés. Les images – *phantasmoi* (au masculin) diffèrent donc des images – *phantasiai*, parce qu'elles sont des images non liées au substrat matériel dont la *phantasia* est la reproduction. C'est pourquoi il est important de les distinguer dans la traduction, et que l'on traduira *phantasmos* par « phantasme ».

Mais par ailleurs Épicure parle de *phantasma* (au neutre), comme au § 75. On peut ainsi esquisser le rapport de tous ces termes : il y a une image en acte, la *phantasia*, qui produit une image mentale strictement conforme à elle, et rémanente, qui est le *phantasma* (d'où la référence au *phantasma* pour l'analyse du langage) ; de même, à l'*aisthèsis*, la sensation en acte, correspond un *epaisthèma*, qui est proprement l'impression sensible. Au sens le plus large, *phantasma* au neutre peut sans doute être tenu pour la dénomination la plus générique des représentations mentales. Ainsi, Diogène Laërce l'emploie en X, 32 pour expliquer : « et les images mentales des fous et celles qui surviennent dans les rêves, sont vraies, car elles meuvent. Mais le non-être ne meut pas. » En revanche, les *phantasmoi* (au masculin) dont il est ici question sont les images qui apparaissent seulement comme des reproductions, qui ne sont pas produites directement dans la relation à un substrat, et peuvent s'évanouir instantanément, ou se transformer. Le *phantasmos* n'est pas le produit de la *phantasia*, car il est

---

1. Cf. en parallèle Lucrèce, IV, 379-468, et notamment 462-468 sur l'*opinatus animi* que nous ajoutons à une image.
2. Sur l'imagination, voir aussi Lucrèce, IV, 722 et suiv.

indépendant d'un corps solide présent, bien que l'esprit l'élabore librement en se servant des simulacres émis par les corps. Le *phantasmos* est donc suscité par l'esprit : c'est toute image qui n'est pas la réplique d'un corps transmise directement par la co-affection. A ce titre, nombre d'entre elles sont illusoires, mais pas nécessairement toutes.

En somme, on peut dire qu'Épicure expose ici la condition de l'erreur, et non l'erreur elle-même. Bien sûr, ces images sont fausses ou illusoires au sens où elles ne sont pas la réplique d'un corps comme l'est la *phantasia*, mais il n'y aura erreur qu'à partir du moment où un jugement se sera hâtivement appuyé sur tel phantasme.

On notera enfin qu'Épicure procède à une généralisation à partir des images dans le sommeil, pour évoquer « d'autres appréhensions de la pensée ou des autres critères ». On a cru pouvoir tirer de ce passage que l'*epibolè* ne signifiait pas nécessairement l'attention[1], mais c'est l'inverse : comme on le voit aussi dans Lucrèce, il y a de l'*epibolè* jusque dans le sommeil, et ceci vient de la pensée (ce qui signifie qu'il faut dissocier attention et conscience éveillée)[2]. Ainsi, toute vision, même onirique, suppose la capacité de recevoir des simulacres d'une part, l'attention de l'esprit d'autre part.

– L'erreur du jugement (§ 51-52)

Source éventuelle d'erreur, les phantasmes n'en sont pas toutefois la cause déterminante : en réalité nous faisons confiance à ces phantasmes, sans vérifier leur validité, c'est-à-dire sans les reconnaître comme des phantasmes, ou sans les confronter à d'autres images pour les éprouver. Ce faisant, nous commettons une erreur plus générale, qui consiste, *à partir d'une image quelconque*, à la prolonger d'un jugement trop précipité, parce que mal ou pas du tout vérifié. Par exemple, que telle image correspond à quelque chose d'existant (« je vois un Centaure »), que telle image nous informe sur la nature ou la constitution de telle chose existante (« c'est un chat », alors que c'est un chien).

1. D. Furley, *Two studies in Greek Atomism*, p. 208.
2. Cf. E. Asmis, *op. cit.*, p. 123.

On peut envisager trois cas simples, en s'appuyant notamment sur Lucrèce :

1) l'illusion par exemple qui me saisit au sortir du sommeil, lorsque je crois à la réalité de ce que j'ai vu en rêve, tant l'image (*phantasmos*) est encore prégnante : l'illusion suscite l'erreur (dans le rêve même, il n'y a pas erreur, car on ne peut se référer aux sens)[1] ;

2) dans l'état de veille, je me trompe, croyant qu'existe ce qui m'apparaît, et qui en fait n'existe pas (le Centaure)[2]. Dans ce dernier cas, l'hallucination rejoint le rêve (comme l'explique Diogène Laërce, X, 32, l'imagination du fou est vraie, c'est son jugement qui dérape) ;

3) je me trompe lorsque je juge de loin, à partir d'une vision confuse (une *phantasia*), qu'il s'agit de telle chose, alors qu'il s'agit de telle autre (je projette la prolepse du chien sur l'image éloignée et indistincte, d'un chat). C'est le cas le plus ordinaire.

Il ne suffit pas d'un phantasme pour se tromper, il doit être soutenu par un jugement. Bien plus, nous avons également la possibilité de nous tromper à partir de l'image d'un objet présent. Dans ce cas toutefois, l'opinion sera infirmée par l'expérience ; dans le cas du phantasme au contraire, l'opinion n'est pas plus susceptible d'être infirmée que d'être confirmée : l'homme raisonnable se laissera convaincre par cette indécidabilité, le fou non. Le phantasme ne fait donc qu'augmenter le risque d'erreur, sans être lui-même erroné. L'erreur est en fait fondamentalement liée au jugement, qui peut aussi produire le vrai ; c'est un deuxième mouvement : je me représente quelque chose (vrai ou faux), je dois le vérifier, j'y adhère (ou pas). L'exercice concret consiste ainsi à produire des représentations en s'abstenant de porter trop précipitamment un jugement.

Sans cette prudence méthodologique, la thèse qui promeut la vérité des sens se retourne en son inverse, et l'on fonde l'erreur au lieu de la vérité. La sensation est vraie et irréfutable pour autant que l'on prend soin d'en établir

---

1. Cf. Lucrèce, IV, 764 et 962-1029.
2. Cf. notamment IV, 978-983.

rigoureusement le domaine de validité ; par là même, en distinguant l'image en présence du corps, et l'image *in absentia* (phantasme), l'on peut maintenir que l'image fournie directement par la vue est critère de vérité.

II.2.4. L'audition et l'olfaction (§ 52-53)

Le modèle du contact, qui a permis d'analyser la vision, est appliqué de la même façon à l'audition et à l'olfaction. Les intermédiaires sont cette fois le « souffle » affectant l'ouïe (§ 52), et des « corpuscules » odorants qui ébranlent l'odorat (§ 53).

II. 3 Les corps simples (§ 54-62)

Après les grandes lignes de la gnoséologie, qui donnent leur légitimité aux principes méthodologiques de l'étude de la nature, la section suivante est consacrée à l'application la plus fondamentale, celle qui concerne l'atome, et qui est un développement de I.2.2 (déjà amplifié dans la première partie, en I.2.4). La section suivante (II.4) montrera de quelle façon le corps composé est constitué en corps mobile et perceptif : par le mouvement, au sein du corps, d'un corps plus subtil qui est l'âme.

II.3.1 Caractéristiques des atomes (§ 54-55)

Les atomes ont forme, poids et grandeur : chacun est une « qualité » (*poiotès*) que l'on rencontre aussi dans ce qui apparaît, mais ce sont les trois seules que l'on puisse référer aux atomes, à l'exception de toute autre. À leur propos pourtant, l'on aura quelque difficulté à parler de qualités, s'il est vrai que « toute qualité change ». En effet, la qualité concerne proprement les corps composés : et parce que tout composé est provisoire, les qualités de ces corps le sont également. Ainsi, la forme d'un corps visible est appelée à disparaître avec le corps lui-même, ce qui n'est pas le cas de l'atome : il est indestructible, et il conserve son poids, sa grandeur et sa forme.

Telle est en effet la caractéristique de l'atome déjà exposée dans la première partie de la *Lettre* (§ 41), reprise dans les mêmes termes et développée : l'immutabilité qui est celle-là même de l'être subsistant indéfiniment dans les changements, les agrégations et désagrégations.

Par une analogie, Épicure avance ensuite (§ 55) en direction d'une plus grande précision : dans ce qui nous apparaît, l'on peut voir que la forme est la plus résistante des qualités, puisqu'en dépit des changements de forme, c'est toujours une forme que conserve le corps changeant. Précisons que l'on ne doit pas interpréter comme si la forme devait être quelque chose de plus essentiel encore que le poids et la grandeur : ce qui vaut pour la première vaut pour les deux autres ; mais l'inhérence de la forme au corps est une évidence immédiate. Cela dit, il apparaît qu'il y a dans les composés des qualités plus fondamentales que d'autres, et c'est ce qui sera précisé dans la section consacrée à la distinction des caractères concomitants et accidentels des corps (§ 68-73).

II.3.2 Grandeur des atomes (§ 55-56)

Comme il s'était brièvement attaché dans la première partie à distinguer entre le nombre illimité des atomes et le nombre limité des formes, Épicure est amené à préciser ici que les différences de grandeur atomique sont en nombre limité. J'ai rapporté plus haut l'objection d'Aristote à la thèse démocritéenne d'une infinité de formes atomiques, qui impliquait que des atomes puissent être visibles. Or, il n'est aucun corps visible qui ne soit sécable. Donc, l'atome insécable et invisible ne peut avoir que des grandeurs inférieures au seuil de perception.

II.3.3 Les plus petites parties des composés
et des atomes (§ 56-59)

Ce développement est un des plus complexes de la *Lettre*, en raison de son sujet et des difficultés textuelles que l'on y rencontre.

– *Les plus petites parties des corps composés (§ 56-58)*

S'il est vrai que l'existence des atomes, c'est-à-dire d'unités matérielles insécables, exclut l'hypothèse d'une *division à l'infini* de la matière, ce qui a été établi dès les § 40-41 et qui est rappelé maintenant, il ne faut pas davantage penser que l'on puisse *parcourir à l'infini* un corps fini, car il est composé d'un nombre fini de parties ; la suite s'attache à démontrer cela.

Dans le § 57, deux arguments s'enchaînent, l'un fondé sur l'impossibilité logique qu'un corps limité contienne un nombre illimité de parties, l'autre sur l'observation directe : à partir de la limite d'un corps perçu, pris comme unité de parcours de la surface de ce corps, l'on aboutit à un nombre fini de parties. Pour parler de ces parties, Épicure emploie le terme d'*onkos*, littéralement « amas » ou « masse », que j'ai traduit par « corpuscule », et non pas *meros* que l'on attendrait. L'*onkos* semble ici intermédiaire entre le corps composé visible et l'atome : c'est la partie de taille indéterminée, en tout cas inférieure au corps constitué. La réflexion sur cet amas matériel qui n'est pas un corps complet, organique, sert ici à nous mettre sur la voie de l'atome. Toutefois, comme il ressort du § 54, l'atome a lui-même des masses : l'*onkos* désigne donc de la manière la plus générale une grandeur physique indéterminée.

Enfin, un troisième argument substantiel s'appuie sur la plus petite unité sensible, le *minimum* (§ 58), qui doit servir de modèle pour appréhender le *minimum* dans l'atome. Le *minimum* sensible est sans partie, puisqu'il correspond au seuil inférieur du perceptible : en deçà, on ne voit rien. Il est sans partie pour l'observateur, mais en fait il est composé ; sans pouvoir être lui-même parcouru par l'œil, il n'est donc pas hétérogène à ce qui peut être parcouru, c'est-à-dire au corps visible. Dans la perception, un *minimum* ne se confond pas avec un autre, leurs parties ne se touchent pas (puisqu'on n'en perçoit pas) : c'est ainsi que le *minimum* sensible peut servir d'unité (mentale) de mesure pour parcourir le corps visible, qui apparaît ainsi, par rapport à lui, comme une certaine grandeur multiple.

– *Analogie pour l'atome (§ 58-59)*

Épicure prolonge en direction de l'atome proprement dit le développement sur les grandeurs limitées (§ 56-58), au moyen d'une analogie fondée sur l'argument du *minimum* sensible. La différence entre les plus petites parties visibles et l'atome étant bien évidente[1], il peut s'attacher à penser

1. Depuis les § 55-56.

grâce à l'analogie le *minimum* atomique qui serait à l'atome
ce que le *minimum* sensible est au corps sensible. Ainsi, le
raisonnement est analogique de part en part, puisque
l'atome est lui-même connu analogiquement. De la grandeur de l'atome, l'on passe donc à l'idée de parties de
l'atome, qui apparaîtrait ruineuse pour la théorie atomique
si l'on oubliait que l'atome se définit par son indivisibilité,
sa caractéristique de plus petite unité matérielle. C'est pourquoi les parties de l'atome ne sont pas des parties réellement
isolables, mais, à la manière du *minimum* sensible, des
parties que la pensée se représente comme composant cette
grandeur insécable de l'atome. À partir de cet élément le
plus petit, l'on pourra aisément se représenter les différences de taille entre atomes.

Pour terminer, Épicure précise toutefois que les *minima*
de l'atome ne peuvent pas constituer les unités à partir desquelles se produira un rassemblement de parties. Au
contraire, on doit avoir reconnu que l'unité physique réelle,
douée de mouvement, et capable de constituer des composés, est l'atome (en vue de cette constitution, on peut
envisager aussi des unités plus importantes, des corpuscules
de taille indéterminée, cf. § 69).

II.3.4 Direction et vitesse des mouvements corporels
(§ 60-62)

– Relativité du mouvement (§ 60)

Dans l'illimité, il n'y a ni haut ni bas absolus. Une telle
hypothèse est en effet contradictoire, puisqu'elle reviendrait
à poser des limites à ce qui n'en a pas. Comme l'indique
brièvement Épicure, il faudrait en effet supposer que l'on
puisse atteindre, à partir de nous, un point haut et un point
bas absolus : l'illimitation du tout rend cette hypothèse parfaitement insensée.

Cela ne signifie pas que parler de haut et de bas soit
dénué de sens : ce sont des orientations qui au contraire
prennent une valeur par rapport à un point de référence
donné, qui ne peut prétendre être absolu, mais seulement
relatif. Ainsi, les êtres vivants complexes qui se dévelop-
pent dans le(s) monde(s) déterminent par rapport à eux-
mêmes un bas et un haut ; l'orientation correspond à une

nécessité vitale. C'est donc dans le monde que l'on peut penser un haut et un bas, mais ils sont relatifs, qu'on les rapporte à l'illimité, ou même au monde, car le haut et le bas se déterminent à chaque fois par rapport à un point donné du monde.

Dès lors, il est clair que les atomes ne suivent aucune direction absolue : ils ne chutent pas vers le bas du tout, comme s'ils tendaient à se déposer tout au fond, mais ils chutent par rapport à eux-mêmes, étant donné la non-résistance du vide : ils se meuvent donc d'abord en vertu de leur propre poids, ensuite en raison des chocs qui les font dévier, indéfiniment. Il n'est ainsi pas possible de se représenter le tout : le mouvement des atomes dans le vide peut seulement être pensé, puisqu'il présente des caractères qui, pour ce que l'imagination est capable de projeter, sont irreprésentables : avec l'illimité, ce sont bien les limites de la représentation qui sont atteintes. On doit ainsi admettre que les atomes qui chutent par leur propre poids, ne se dirigent pourtant pas vers le bas.

– Vitesse des atomes dans le vide (§ 61)

Les atomes ont une vitesse égale dans le vide, tant qu'ils ne sont pas ralentis par des heurts, tant qu'ils ne se font pas mutuellement obstacle. Le vide se caractérise par sa non-résistance : tant qu'un atome n'en rencontre pas un autre, il va à la même vitesse que n'importe quel autre atome – vitesse que l'on ne peut se représenter, seulement penser comme qualitativement équivalente de la vitesse de la pensée[1].

– Vitesse des atomes dans les composés (§ 62)

Les composés pour leur part ont des vitesses distinctes, qui tiennent aux ralentissements, se produisant différemment en chaque composé, des atomes les uns par rapport aux autres. A noter que trois temps sont distingués, dont le premier est le minimum du troisième : 1) le *plus petit temps continu* laisse voir une continuité du mouvement (qui confère aussi au temps sa continuité) et une direction unique des corps composés, qui implique que les atomes qui le

---

1. Cf. plus haut, p. 80.

composent aillent dans cette direction, en un moment donné ; 2) *le temps que perçoit la raison*, correspondant au plan atomique, infra-sensible, laisse deviner au contraire une multiplicité de directions des atomes pris individuellement, qui s'annulent en un ensemble de chocs et contre-chocs pour converger sensiblement en un seul mouvement – c'est un temps correspondant à une discontinuité ; 3) *le temps sensible* est celui qui correspond à l'apparaître sensible, au mouvement continu des corps et aux vitesses différenciées.

II.4 L'âme dans le composé (psychologie) (§ 63-68)

La deuxième étape de l'étude naturelle des corps fait aborder les corps composés, et le principe corporel unifiant ces corps, à savoir l'âme ; dans un troisième moment (II.5), seront distingués caractères concomitants et accidentels de ces corps.

II.4.1 Le corps de l'âme (§ 63)

Les sensations vont encore servir de critères, les affections également, de façon auto-référentielle : en effet, c'est l'existence même de ces critères qui atteste l'existence d'une réalité intérieure au corps, réalité d'un corps mobile au sein de l'agrégat corporel (cf. § 67-68). L'âme, par ses fines « parties » ou composantes, est répandue à travers tout l'agrégat : son action doit l'apparenter à un souffle mélangé à de la chaleur – telles seraient deux de ses parties ; mais il faut y ajouter une troisième, plus fine encore, qui n'a pas de nom, et qui se tient dans la même relation par rapport au corps psychique, que ce dernier par rapport à l'agrégat[1]. Il est très intéressant de voir mentionnée ici aussi la co-affection : l'on tient là pour le vivant la *sumpatheia* la plus originelle, celle qui unit l'âme au corps, et les parties de l'âme entre elles.

---

1. Je ne peux signaler qu'en passant un problème de taille : la divergence, sur la question de la nature de l'âme, de Lucrèce avec Épicure. Le premier avance qu'il y a quatre composantes (« natures ») de l'âme, et non pas trois, comme ici : le souffle, la chaleur, l'air, et un quatrième élément sans nom (III, 231-257). Aétius, en IV, 3, 11, mentionne pour sa part les quatre éléments évoqués par Lucrèce.

On doit donc attribuer à ce corps subtil, et à lui seul, les propriétés de l'affection, de la mobilité, et de la pensée, autant de choses dont la privation entraîne la mort. A cela s'ajoute la sensation, qui s'explique en grande partie par l'âme, mais pas seulement.

II.4.2 L'âme cause de la sensation
(§ 63-64)

Le cas de la sensation permet de montrer que l'âme et le corps sont nécessaires l'un à l'autre. L'âme ne peut sentir – Épicure précise qu'elle est « la cause prépondérante de la sensation » – que parce que l'agrégat la protège. Cette protection permet en retour à l'agrégat d'avoir part à la sensation, avoir part seulement, car c'est l'âme qui sent à proprement parler ; la sensation se transmet donc au corps dans les parties sensibles, réceptrices, ce qui s'explique bien par la distinction entre la partie mobile de l'âme qui est partout et notamment dans les organes sensitifs, et la partie sans nom, retirée, dans laquelle se forment les sensations. A supposer, ce qui est en fait impossible, que l'âme puisse subsister sans le corps, elle sentirait ; mais ceci n'est pas pensable, car l'on ne peut dissocier réellement, autrement qu'en pensée, le corps et l'âme. De fait, Épicure ne dit pas cela ; il se contente de souligner que, sans âme, il ne peut y avoir sensation. Épicure parle à propos de la sensation, de « puissance » ou faculté (*dunamis*), comme tout à l'heure pour les affections, l'aisance à se mouvoir, la pensée.

La sensation s'explique donc selon un rapport de deux puissances : puissance de l'âme sensitivo-perceptive, puissance du corps protectrice et sensorielle. Voilà pourquoi en réalité l'un est nécessaire à l'autre : pour le dire plus clairement que cela n'est dit dans le texte, l'on ne doit pas oublier en effet que l'organe sensoriel est ce qui va permettre à l'âme d'élaborer la sensation ; par conséquent, dans la sensation, le rôle du corps est à représenter comme une sorte de filtre, qui atténue le nombre et la force des affections. Le corps protège, canalise, et ainsi permet à l'âme de produire « l'accident sensible », qui se transmet à lui en retour, grâce à la liaison de co-affection.

II.4.3 L'âme inséparable du corps (§ 65-67)

– *La liaison de l'âme et du corps (§ 65-66)*

La sensibilité est l'indice permettant de statuer sur l'état d'un corps, vivant ou mort. Trois cas sont envisagés : 1) si une partie du corps est détruite, l'âme peut continuer à sentir (et si, avec une partie du corps une partie de l'âme est détruite, l'âme, lésée et souffrante, peut toutefois subsister) ; 2) si l'âme abandonne le corps, il n'y a plus sensation ; 3) si le corps est détruit, l'âme ne peut subsister.

– *Réfutation de l'incorporéité de l'âme (§ 67)*

Le seul « incorporel » est le vide. Pris littéralement[1], comme absence de corps, le substantif ne peut renvoyer qu'au vide, l'autre nature. L'âme, si elle agit et subit, ce qui n'est pas le cas du vide, ne peut être incorporelle.

Épicure conclut cette section, au § 68, en appelant à la mise en pratique des esquisses (selon l'exigence posée au début de la section, § 63), fondée sur la référence aux sensations et affections (conformément à l'introduction, § 35-36).

II.5 Caractéristiques des corps composés (§ 68-73)

Après en avoir terminé avec l'âme, c'est-à-dire avec le corps lui-même, Épicure envisage successivement les caractères concomitants (*sumbebèkota*) et les caractères accidentels (*sumptômata*) des corps.

II.5.1 Les caractères (toujours) concomitants (§ 68-69)

Sur ce point, Épicure se démarque fortement d'Aristote : il reprend le concept de *sumbebèkos* exprimant pour ce dernier ce que l'on a souvent traduit par « accident » (de fait, pour Aristote la couleur d'un corps est un accident du corps) – soit l'accident contingent, soit même l'accident nécessaire – et lui fait signifier ce qui s'attache indéfectiblement au corps. D'où la traduction par « caractère concomitant », pour le substantif neutre : « concomitant », que l'on pourrait aussi envisager pour traduire Aristote[2], a le mérite d'être aussi proche que possible du terme grec ; avec cette traduction, la modification de

---

1. C'est le sens de la scholie du § 67 : « Il parle en effet en suivant l'usage le plus fréquent du terme ».
2. Cf. J. Brunschwig, pour les *Topiques, op. cit.*, p. 123.

la valeur du terme, d'Aristote à Épicure, apparaît plus intelligible. Pour penser ce qui est propre à un être, Épicure récuse donc les approches aristotéliciennes à partir de l'universel (la substance seconde), de la forme seule (la forme par rapport à la matière, la forme n'étant pas engendrée ; la forme comme la substance première, individuelle elle-même). Et positivement, Épicure va distinguer entre ce qui est toujours concomitant (qu'il peut nommer plus brièvement « concomitant »), et ce qui est proprement accidentel, c'est-à-dire qui est parfois, à tel moment, concomitant[1].

Les caractères toujours concomitants mentionnés sont les formes, les couleurs, les grandeurs et les poids, mais la liste n'est pas exhaustive (« et tout ce que l'on prédique… »). Épicure se sert d'une méthode de variation pour délimiter leur statut : ce ne sont pas des natures existant par elles-mêmes (ce ne sont pas des corps, et l'on ne peut penser ce que seraient ces formes et autres couleurs sans corps), et ce ne sont pas non plus des choses inexistantes. Entre ces deux extrêmes, la variation se poursuit : ce ne sont pas des réalités incorporelles s'ajoutant au corps (cette possibilité a déjà été exclue pour l'âme ; ici, il faudrait que ces caractères incorporels, subsistant par eux-mêmes, viennent s'ajouter au corps – chose impensable qui revient à la première hypothèse rejetée), et ce ne sont pas non plus des parties du corps (comment penser le corps indépendamment de la forme ou de la couleur, ce qu'il faudrait pouvoir faire si elles n'en étaient que des parties matérielles ?). Ces quatre possibilités étant exclues, il en reste une dernière, seule à même de préserver les caractères concomitants et le corps dont ils sont concomitants, la seule donc qui ne soit pas infirmée : les caractères concomitants, bien que distincts du corps, lui sont inhérents, et ne peuvent donc en être séparés. Épicure y insiste : ils ne composent pas le corps par addition et juxtaposition (il a déjà rejeté le modèle des parties), mais ils sont indissociables de l'*ousia* même du corps.

Mais il faut faire une distinction : les caractères concomitants énumérés sont communs aux corps simples et aux

---

1. Comme on le voit dans le § 71. On se reportera à l'importante étude de D. Sedley déjà citée, « Epicurus' Anti Reductionism », pour une étude fine de la distinction.

corps composés, à l'exception des couleurs, qui n'apparaissent qu'avec la composition, et sont concomitants des seuls corps visibles (ils sont visibles parce qu'ils sont colorés, et non l'inverse : la couleur résulte de l'agencement des atomes les uns avec les autres – ce sont les réagencements atomiques qui provoquent les changements de couleur).

La fin du § 69 donne toute sa cohérence à l'ensemble : si l'on ne doit pas penser comme séparés le corps et les caractères concomitants, c'est parce que ces derniers se donnent dans l'unité d'une perception, qui livre un aperçu sur le corps dans son être coloré, pesant, étendu. La pensée les discernant dans l'unité d'une appréhension, ne peut, même logiquement, les dissocier du corps.

Les caractères concomitants envisagés sont les plus généraux ; on pourrait ajouter pour le vivant l'ensemble des facultés du corps et de l'âme, qui durent autant que durent le corps et l'âme (cela néanmoins est à distinguer des actions de l'âme et du corps, dont la durée est, elle, limitée).

II.5.2 Les caractères accidentels (§ 70-71)

Épicure évoque ensuite ce qui arrive aux corps, ce qui survient en eux, mais ne leur est pas continuellement attaché. Sans être, à la différence des caractères toujours concomitants, indissociables des corps qui nous apparaissent, ils ne sont pourtant pas de l'ordre de l'invisible, puisqu'ils se manifestent, tel le mouvement du corps visible, et ils ne sont pas non plus des incorporels, puisque seul ce qui peut être pensé par soi, est susceptible d'être incorporel (le vide étant la seule réalité de cet ordre). Il n'y a donc d'accident que pour un corps, même si cet élément accidentel n'est pas indispensable au corps. C'est bien en cela que l'accident se distingue et du corps et du caractère toujours concomitant ; sa concomitance avec le corps n'est que provisoire (§ 71).

II.5.3 Le temps (§ 72-73)

Le temps a une certaine réalité, mais il n'existe pas par lui-même ; il accompagne le mouvement, sans être mouvement (circulaire, rectiligne ou autre), et pas davantage nombre. Il accompagne un mouvement quelconque, qu'il

s'agisse d'un mouvement local ou d'un changement quali-
tatif, et c'est par rapport à ces mouvements qu'il est perçu.
Il y a donc des durées différentes, liées à des perceptions
différentes, et c'est pourquoi les affections ont autant
d'importance que le mouvement nycthéméral. En fait, il n'y
a pas de distinction fondamentale entre l'un et l'autre : le
mouvement nycthéméral n'a de réalité pour moi que
lorsqu'il m'affecte, comme les autres mouvements, et ainsi
c'est le soi qui fait être cet « accident d'accident[1] » qu'est
le temps, et le façonne selon son propre mode d'être.

II.6 Génération, évolution (§ 73-76)

II.6.1 La formation des mondes et des vivants (§ 73-74)

– *Les mondes (§ 73-74)*

On retient d'abord que les mondes se forment à partir de
l'infini, ils naissent par « scission »[2]. Épicure précise
ensuite que l'on doit poser un état intermédiaire entre le tout
et le monde, ce sont les « amas » de matière[3]. S'ensuit un
véritable processus cosmogonique : les mondes connaissent
une croissance différenciée : le § 74 fait une simple mention
de différences de taille ; la *Lettre à Pythoclès* (§ 89) évoque
des flux d'atomes qui conduisent à la constitution du
monde, qui va croître comme un organisme. Pour durer, le
monde a donc besoin d'un afflux permanent d'atomes en
provenance du tout, qui compense les pertes[4]. Mais en
même temps, ce mouvement compensateur ne peut durer
éternellement : c'est cette rupture d'équilibre qui doit principalement expliquer la dissolution des mondes, périssant
comme on voit les organismes vivants périr[5].

---

1. Cette définition du temps comme *sumptôma sumptômatôn*, est rapportée par Sextus Empiricus, *Adv. math.,* X, 219 (*H.P.*, III, 137).
2. Cf. aussi *L. à Pyth.*, § 88 ; et Lucrèce, V, 416ss.
3. *sustrophè*, § 73 ; Lucrèce parle, lui, de *convectus* ou *conjectus*. Il
parle au livre V de « rencontres » (*conjectus*, 416) et de « rassemblements »
(*convectus*, 429) ; en II, 1062, *conjectus* est à la place de *convectus* ; en
II, 1065, il évoque aussi des « assemblages de matière » (*congressus
materiai*).
4. Lucrèce illustre clairement cette idée : I, 1035-7, et 1049-51.
5. Cf., pour prolonger Épicure, Lucrèce, I, 1038-1048 ; cf. aussi II,
1105-1174.

Sur les formes, la doxographie a retenu qu'« Épicure dit qu'il est possible que les mondes aient une forme sphérique, mais qu'il est possible qu'ils aient d'autres formes[1] ». La formule semble s'appuyer sur l'affirmation du § 74, qui évoque pour commencer la forme sphérique, avant d'envisager la forme ovoïde, et ménager la possibilité d'autres formes encore, sans que toutefois toutes soient possibles. Le passage parallèle dans la *Lettre à Pythoclès* (§ 88), envisage une forme ronde ou triangulaire, et même – c'est là la différence entre les deux textes – toute forme, dans les limites que définit la réflexion sur la forme.

– *Les vivants (§ 74)*

L'on a un principe d'explication unique, et des mondes variés en nombre illimité, selon une possibilité de variation toutefois limitée. Tout n'est donc pas possible pour les mondes, et de même tout n'est pas possible pour les vivants : un vivant suppose un monde, qui n'est pas lui-même un vivant (contre ce que dit Platon dans le *Timée*). Ayant dit cela, il s'agit dès lors pour Épicure de livrer la règle générale de formation des vivants[2] : un monde est la condition nécessaire et suffisante de l'existence des vivants. Autant de mondes, autant de lieux de vie possibles. Possibles seulement, car Épicure n'établit pas la nécessité de l'existence des vivants dans les autres mondes ; on ne pourra considérer cette présence de vivants dans d'autres mondes que comme probable. À cette démonstration négative, l'on ne peut rien objecter, car il n'est pas possible d'établir l'inverse.

On peut remarquer au passage que ce développement met très sérieusement en difficulté les interprètes convaincus que, selon Épicure, les dieux ont une existence physique, indépendamment de la pensée qui nous les fait voir. Les dieux d'Épicure devraient alors tomber sous le coup de la même critique qui atteint les divinités astrales.

---

1. Aétius, II, 2,3 (302 Us.).
2. Cela justifie dans le texte le *gar* (« de fait »), autrement énigmatique.

II.6.2 L'évolution naturelle (§ 75-76)

– *De la nature au raisonnement (§ 75)*

En généralisant, et pour rabattre une première fois toute prétention à enserrer la cosmologie dans une théologie, il évoque le principe général qu'est la nature, pour énoncer l'idée que ce principe est totalement immanent à ce qu'il produit, n'étant que le nom des atomes et du vide. Or, le principe est pluriel, il se compose et se multiplie indéfiniment : c'est bien pourquoi le principe est modifié par les réalités produites, s'il subit leur nécessité, c'est sa propre nécessité, qui lui impose de coïncider avec lui-même. Il ne doit pas y avoir d'extériorité à ce mouvement infini, et pourtant c'est en un certain sens ce qui se produit avec l'émergence du raisonnement . prolongeant tout en le dépassant cet auto-mouvement de la nature, le raisonnement est créateur d'une nouvelle réalité qui n'est naturelle qu'en son origine. Le raisonnement produit en effet une sorte de rupture dans les séries causales naturelles dont pourtant il résulte : avec lui, se produit un véritable changement d'ordre. Cela signifie que le raisonnement, s'il dépend en dernier lieu d'une certaine combinaison atomique, ne se laisse pas réduire à cela. La complexité des processus engagés est telle que le raisonnement suppose une causalité propre, non mécanique.

– *La question du langage (§ 75-76)*

L'étude de l'origine du langage permet de saisir le passage de l'homme naturel à l'homme raisonnant. L'acquisition du langage, contemporaine du mouvement de socialisation de l'homme, est en effet analysée selon trois moments, correspondant 1) à la nature des hommes, 2) à la convention entre les hommes, 3) à l'application ultérieure du raisonnement.

1) La genèse naturelle, et non intentionnelle, du langage : il apparaît comme une capacité expressive naturelle, les sons correspondent à des impressions particulières. Ainsi, ce pré-langage ne renvoie pas proprement à des prénotions, mais à des affections et des images ; il est de ce fait particulier, c'est-à-dire privé, n'ayant pas encore fait l'objet d'une mise en commun. Pour commencer donc, chaque

individu exprime ses impressions propres, et le langage pro-
lifère de façon désordonnée. De ce premier moment de la
formation naturelle doit être distingué un second moment
naturel, celui du particularisme non plus individuel mais
ethnique. En effet, au bout d'un certain temps, avec les premiers échanges, une sorte d'auto-régulation se produit, et
des particularismes ethniques cette fois se dégagent : des
aires linguistiques apparaissent.

Par là, le double écueil de la diversité des langues, argument opposé à la thèse de l'origine naturelle du langage[1],
et celui de l'institution arbitraire des noms par un nomothète, se trouve évité[2]. Mais comment imaginer que le
langage ait pu spontanément se régler et se perfectionner,
et devenir un instrument stable de communication ? Appliquant le principe général au langage, il faut donc supposer
que le raisonnement ait permis de prolonger le langage
naturel.

2) L'institution conventionnelle du langage

La convention suppose une capacité à raisonner, qui a
commencé à se manifester avant la convention, et se développe plus particulièrement en certains individus ; ce sont
eux qui prennent l'initiative de la convention, qui vaut pour
le langage, et aussi pour le groupement des individus en
cité. Certains individus, par anticipation, voient la nécessité
d'une convention linguistique, et la suscitent. Le langage a
commencé à devenir commun, la convention ne lui fait donc
pas changer de nature, mais lui permet de se perfectionner
dans cette fonction désormais prévalente de communication. L'on fixe l'usage, l'on se prononce sur les éléments
particuliers qui composeront le langage défini, et lui permettront d'accomplir de façon optimale sa fonction. Ainsi

---

1. Comme le dit J. Brunschwig : « Par un geste de grande portée,
l'auteur de la *Lettre à Hérodote* cesse de voir dans l'universalité le critère
par excellence de la naturalité : un fait humain peut ne pas être universel
sans pour autant devoir être catalogué comme non naturel ». (« Épicure
et le problème du langage privé », *R.S.H.*, t. XLIII, n° 166, avr. – juin
1977, p. 165).
2. Voir également la critique de Lucrèce, V, 1028-1090. Pour l'hypothèse du nomothète (ou de l'onomatothète) dans Platon, cf. *Charmide*,
175 b, *Cratyle*, 389 d, et aussi 424 a.

sont évitées ambiguïtés et longueurs, impropres à une désignation efficace.

3) Le développement ultérieur du langage

Dans chaque groupe, l'on est convenu de fixer le sens des sons déjà en usage ; mais au-delà de ce que l'ensemble des individus du groupe connaît et nomme, il y a ce que certains individus parviennent à « voir », et qui échappe à la vue commune (en raison du caractère abstrait de ces réalités). C'est cela que, de la même façon que les réalités communes, ils sont conduits à nommer. Les autres hommes, parce qu'il existe désormais un fondement conventionnel du langage, comprennent que ces nouveaux sons articulés, qui ne font pas partie de la convention initiale, doivent renvoyer à des réalités inaperçues : tout en retenant ces nouveaux sons, ils s'efforcent de les interpréter, recherchant par conjecture leur sens, c'est-à-dire la cause majeure de s'exprimer ainsi. Telle serait la différence entre la notion de l'utile, entrée tout de suite dans la convention, et celle de la justice, qu'un petit nombre d'individus seulement, au départ, voient. Nommer la justice, faire comprendre sa nature, voilà qui conditionne l'institution sûre et définitive de la société, car elle conduit au pacte[1].

---

1. Le texte épicurien majeur sur cette question de l'institution des relations de droit est celui d'Hermarque, reproduit par Porphyre dans *De l'abstinence,* I, ch. 7 à 12.

Troisième partie :
Fonction et finalité de l'étude de la nature (§ 76-82)

III.1 Contre la théologie astrale (§ 76-77)

Épicure critique la confusion du divin et du céleste : il n'y a pas davantage de providence ou de dieu producteur (tel le Démiurge platonicien du *Timée*), que d'astres-dieux (Platon aussi bien qu'Aristote). Le mélange que certains opèrent entre le ciel et les dieux ferait perdre tout le bénéfice de la cohérence jusque-là assurée par l'analyse des principes selon l'étude de la nature. Positivement, il faut donc avant tout distinguer le divin seul (« préserver la majesté »), puis la nature seule (isolant le divin, on peut comprendre la nécessité physique). C'est à ce titre que la cohérence est maintenue, et que l'on peut penser les réalités célestes comme on a pensé les autres, en une parfaite continuité.

III.2 Étude des réalités célestes et explication multiple (§ 78-80)

L'étude de la nature vise à appliquer une étiologie unitaire, qui doit permettre d'accéder à la félicité. Par la réduction à l'unité, à laquelle on doit procéder aussi dans le cas de l'étude des réalités célestes, le réel est compris univoquement, et ainsi se trouve réconciliée la pensée de la nature et du divin, sans qu'il puisse y avoir de confusion entre les deux (§ 78). Il faut donc savoir, pour être heureux, pratiquer la bonne réduction, et reconnaître, pour les réalités célestes aussi, la primauté des natures fondamentales.

Une recherche sur les réalités célestes qui ne reposerait pas d'abord sur une reconnaissance des axiomes fondamentaux sur l'être et le tout, sombrerait irrémédiablement dans l'erreur (§ 79). On serait victime de la diversité de ce qui apparaît ; le prestige de ce qui apparaît dans le ciel conduirait même à forger des fictions (astres-dieux ; matière céleste spécifique comme l'éther).

C'est pourquoi Épicure peut dans un troisième temps (§ 79-80) se livrer à une apologie de la diversité des explications, à partir du moment où elle est contrôlée par la connaissance de ce qui est le plus fondamental. On peut donc s'attacher à l'étude de la causalité particulière, après avoir examiné pour commencer la causalité générale ; si l'on perdait de vue cette dernière, l'on échouerait sur l'écueil de l'histoire naturelle, ce type de savoir cumulatif qui ignore l'étiologie véritable. L'étude de la nature selon Épicure parvient ainsi à une combinaison originale de l'unité et de la pluralité du savoir : sur le fond d'une explication générale et unique, l'on introduit en un deuxième moment, lorsque cela est rendu nécessaire par les limites de notre capacité de connaître, la pluralité des hypothèses.

III.3 Du trouble à l'ataraxie (§ 81-82)

L'issue de ce mouvement de connaissance est l'absence de trouble, ce trouble que suscitent les mythes, et la peur des dieux qu'ils véhiculent (§ 81-82). Aussi Épicure fait-il de l'ataraxie (§ 82) la conséquence directe de la mise en œuvre de l'étude de la nature, et comme on le vérifiera par la conclusion, de l'ataraxie à la paix de l'âme, la conséquence est bonne. Finalement, c'est un appel réitéré à se servir des sensations (et des affections) que lance Épicure, qui nous ramène au début de l'exposé des principes, au deuxième précepte méthodologique (§ 37-38). Il ajoute en outre une distinction très intéressante, bien que délicate d'interprétation, entre deux sortes de sensations : les sensations de ce qui est commun par ce qui est commun, et les sensations de ce qui est particulier par ce qui est particulier. On doit sans doute comprendre que le sage apprend à distinguer entre les perceptions sensibles de réalités particulières considérées dans leur particularité, et les perceptions sensibles de ce qui est commun à plusieurs réalités particulières : c'est bien là ce qui nous conduit directement à la *prolèpsis*, la prénotion[1]. Apprendre à saisir ce qui est commun avant ce qui est particulier, puis s'exercer à le reconnaître dans le particulier : voilà bien ce qu'Épicure a fixé dès le début comme l'objectif du sage, afin qu'il ne soit jamais en difficulté.

---

1. Cf. Introduction, pp. 36-40.

Conclusion (§ 82-83)

Ainsi que je l'avais indiqué au départ[1], la conclusion de la lettre répond point par point au contenu de l'introduction. Elle revient circulairement sur le but que doit rechercher le sage, la paix, maintenant entrevue par chacun de ceux qui sauront faire bon usage du résumé, c'est-à-dire qui auront appris à appliquer les éléments qu'il rassemble dans toutes les circonstances, à les développer en conformité avec les évidences. Là réside toute la force du sage.

*

LETTRE À PYTHOCLÈS

PLAN DE LA LETTRE

---

1. Cf. p. 58.

La *Lettre à Pythoclès*, dont l'authenticité a un temps été contestée sans très bonne raison (les arguments tournent autour de la construction de la lettre, et d'apparentes répétitions)[1], est le résumé de la doctrine concernant les « réalités célestes » (*ta meteôra*). Sa lecture est plus ingrate que les deux autres lettres, par son sujet d'abord, mais aussi parce qu'elle se présente comme une sorte de catalogue énumératif, à première lecture assez fastidieux et étrangement organisé. Elle n'en est pas moins intéressante par deux aspects complémentaires l'un de l'autre : 1) le fait qu'Épicure traite dans la lettre des réalités célestes, qui sont pour nous des réalités invisibles de fait ; tel est le point essentiel à ses yeux : pour penser de manière convenable les questions météorologiques et astronomiques, il faut partir de notre situation de connaissance, puisque le problème que posent ces réalités est de ne s'offrir à la perception que par un aspect d'elles-mêmes ; 2) corrélativement, l'intérêt que l'on peut prendre à cette série de brefs chapitres consiste dans la méthode employée pour produire une connaissance appropriée de ces réalités. D'ailleurs, ainsi que le plan proposé de la lettre le laisse apparaître, sa matière n'est pas aussi désorganisée qu'on pourrait le croire.

Éléments méthodologiques (§ 86-88)

Premier précepte : l'ataraxie, l'impossible et le possible (§ 85-86)

Ainsi qu'il l'indique dès le début de sa présentation de la méthode, la finalité de la connaissance est « l'ataraxie et la certitude ferme » (*ataraxian kai pistin bebaion*)[2]. Cette *pistis* est en effet la certitude que procurent les sens. Or, dans le cas des réalités célestes, comme il va ensuite largement l'illustrer, cette certitude ne peut plus être atteinte de

---

1. Cf. pour une analyse critique de ces arguments, J. Bollack et A. Laks, *Épicure à Pythoclès,* Introduction, p. 45-55. De manière générale, toute cette introduction est à consulter, pour qui souhaiterait approfondir l'étude de la lettre.
2. La deuxième expression est très proche de celle de la *L. à Hér.*, § 63.

Introduction   107

la même façon que dans le cas des corps rapprochés : elle repose sur les données très partielles des sens et sur l'élaboration d'explications multiples, également valides. La vérité pourra néanmoins être circonscrite, car la réflexion cherche à épuiser les possibilités de compréhension, et nous fait conclure à un nombre fini d'hypothèses étiologiques. L'on obtiendra donc aussi toute la certitude possible.

Dans le cas des réalités célestes, « l'impossible »[1] consisterait selon Épicure à produire un discours unique sur ce qui échappe à la vérification complète, et donc interdit précisément de réduire à une seule les hypothèses susceptibles d'expliquer un cas donné : « se présente une multiplicité de causes pour leur production, et d'attributs de leur être même, en accord avec les sensations ». Ainsi qu'il l'affirme plus loin au § 113, il est proprement délirant de s'en tenir à une seule cause.

Telle est la profonde différence, indiquée aussitôt, avec le raisonnement appliqué aux modes de vie, ou avec celui qui porte sur les autres problèmes physiques, en particulier les problèmes les plus essentiels, touchant les natures fondamentales (§ 86).

Épicure fait la chasse aux « opinions vides », c'est-à-dire aux opinions qui pensent l'impossible, n'obéissent pas à ce qui nous apparaît, et qui jettent le trouble ; avec elles, l'on sombre dans le « mythe »[2], déjà dénoncé dans la *Lettre à Hérodote* (§ 81). Parler de mythe ici n'est pas un vain mot, car c'est à tous ceux (théologiens et physiciens) qui font intervenir les dieux, qu'il pense : en ce sens, la physique d'Aristote ne serait somme toute pas moins mythique que celle de Platon dans le *Timée*[3].

Deuxième précepte : le mode explicatif multiple pour accéder à l'ataraxie (§ 87)

Il faut donc pour celui qui cherche l'ataraxie refuser le coup de force qui consisterait à choisir une explication au détriment d'une autre, sans raison suffisante : en inter-

---

1. « Il ne faut pas faire violence à l'impossible… », § 86.
2. § 87 ; il en reparle au § 104 à propos de la foudre.
3. La démence qu'évoque le § 113 est avant tout celle des tenants d'une théologie astrale.

rompant l'examen des causes possibles, l'on court le risque d'entrer en conflit avec les évidences (par exemple § 96). En effet, l'on se prive de la certitude de cerner la nature de ce qui est examiné. En outre, celui qui interrompt l'examen des causes physiques le fait parce qu'il résiste à ce mode de pensée a-théologique qu'implique la pratique de l'étude de la nature ; s'il s'interrompt, c'est, il faut le craindre, pour revenir à des conceptions providentialistes, et aux facilités de la théologie astrale, dont Épicure faisait dans la *Lettre à Hérodote* la plus grande menace pour la pensée (§ 76-77). La crainte s'exprime explicitement ici aussi au § 113. Il convient donc au contraire de pratiquer le mode de l'explication multiple, de recueillir les causes possibles, même si en réalité il n'y en a qu'une qui vaut pour un cas particulier. C'est à ce prix que se constitue dans ce domaine le savoir de la nature.

Troisième précepte : la recherche des signes (§ 87-88)

La mise en œuvre du programme qu'esquissent les deux premiers préceptes, suppose d'abord d'apprendre à rassembler des données accessibles, observées autour de nous, d'en dégager des liaisons causales, pour pouvoir les utiliser comme des signes (*sèmeia*) de ces réalités célestes dont nous n'observons à jamais qu'une apparence lointaine. A partir des réalités observables proches de nous, nous inférons analogiquement ce qu'il peut en être pour ce qui n'est pas accessible directement, qui n'est observable que sous un aspect, et à distance. Une remontée est ainsi possible de ce qui est visible à ce qui est partiellement invisible, et qui est légitime si l'on n'oublie pas la nature de ces hypothèses que l'on formule : possibles mais invérifiables, donc aussi légitimes les unes que les autres, aussi légitimes que toute autre qui parviendrait à rendre compte du même fait.

Les signes recherchés constituent donc des modèles qui mettent en mesure de remonter analogiquement vers les réalités célestes elles-mêmes. Avec ces signes l'on obtient la solution au problème de la connaissance des réalités célestes ; à l'impossible que dénonce Épicure, et qui croit dire ce qui est, s'oppose cette fois le possible, qui dit ce qui peut être (§ 93).

Les types de mode explicatif

– L'accord

Tout d'abord, il faut rechercher l'accord (*sumphônia*) des hypothèses touchant les réalités célestes, avec ce qui apparaît et que l'on observe : il parle par exemple au § 86 « d'attributs de leur être même, en accord avec les sensations » ; et au § 87, de « tout ce que l'on a traité complètement selon le mode multiple en accord avec ce qui apparaît » (voir aussi § 112). Il parle encore de façon synonyme de « conformité » : « les hypothèses et les causes qui sont conformes (*akolouthous*) à ce qui apparaît » (§ 95).

Au § 93, la chose est tournée négativement : on retiendra toute explication qui « n'est pas en désaccord (*diaphônei*) avec les évidences ». Il faut donc se débarrasser à l'inverse de ce qui n'est pas conforme (95, *anakoloutha*, c'est-à-dire non conforme « à ce qui apparaît') ; il parle également volontiers en ce sens de ce qui entre « en conflit » (*makhomenon*, § 90 et 96).

– Les causes

À partir de la troisième section de la lettre (§ 92 et suiv.), interviennent les modes explicatifs et les causes. La plupart des cas sont expliqués par plusieurs causes simples : lever et coucher de soleil (§ 92), rétrogradation du soleil et de la lune (§ 93), mouvements et aspect de la lune (§ 94-96), éclipses (§ 96), etc. Mais à chaque fois, Épicure prend soin d'éviter de clore la liste des hypothèses, comme on le voit notamment au § 93 sur la question de la rétrogradation, au § 94 sur le cycle lunaire, ou au § 95 sur le visage dans la lune. Inversement, il condamne la réduction à une hypothèse (§ 94 et 95, et plus encore 97 ; aussi 98).

Par ailleurs, il pose la possibilité de composer les modes explicatifs entre eux.

– La concurrence des hypothèses

La formule du § 96, qui introduit cette possibilité, a beaucoup gêné les commentateurs :

> « c'est de cette façon qu'il faut considérer ensemble les modes apparentés les uns aux autres, et voir que le concours simultané de certains modes n'est pas impensable. »

Si l'on interprète en disant qu'un même phénomène (le tonnerre, le tremblement de terre) peut s'expliquer par diverses causes, dont une seule opère en même temps pour un phénomène singulier (suivant ce que dit Lucrèce, V, 526-533)[1], l'on avance une proposition juste en soi, mais l'on passe à côté du point présent ; ici, Épicure précise que l'on peut envisager, en vue d'une même explication, une combinaison de modes, et non pas des combinaisons d'explications.

Dans le parcours théorique des types d'explication possibles, l'on cherche à regrouper sous un même mode les causes apparentées : ainsi, les types d'extinction ou d'occultation[2]. Ce que la formule citée précise, c'est qu'on ne peut exclure que certains raisonnements explicatifs puissent utiliser plusieurs modes en même temps, telle l'explication (qu'il ne donne pas mais laisse imaginer) qui pourrait rendre compte du phénomène par le mélange d'une forme d'extinction et d'une forme d'occultation. Une telle explication serait acceptable, et c'est d'ailleurs ce que, dans d'autres cas, Épicure fait, comme pour l'étoile filante, dont les trois hypothèses explicatives mettent chacune en œuvre deux causes (§ 114-115). La construction ouverte de l'hypothèse apparaît mieux encore à propos de la formation des astres : les agrégats se sont constitués grâce à des particules de souffle, de feu, ou les deux à la fois (§ 90). Mais, cela indiqué, on doit rappeler que former des hypothèses simples ou complexes ne revient pas à trancher sur le processus en lui-même, car cela n'est justement pas possible.

En imposant le doute sur le principe de la combinaison des modes explicatifs, comme le fait M. Conche, on réintroduit la possibilité de l'erreur et du trouble, puisque l'important est précisément de ne pas bloquer la recherche des causes, et de conserver la liberté d'esprit, l'indépendance qui interdit en ce domaine de s'arrêter à aucun dogme injustifiable. En fait, pouvoir connaître la causalité effective

---

1. Ainsi fait M. Conche, *Épicure*, Introduction, p. 37.
2. Cf. le commentaire de J. Bollack et A. Laks, *Épicure à Pythoclès*, pp. 184-185.

n'est d'aucune importance, ce que dit de la manière la plus nette Épicure dans la *Lettre à Hérodote*, § 80[1].

– Les causes composées

Elles apparaissent dans la quatrième partie de la lettre, proprement météorologique. À partir du développement sur les éclairs (§ 101-102) en effet, apparaissent des causes composées, autrement dit une explication causale faisant jouer au moins deux causes dont la combinaison peut rendre compte de l'effet constaté : c'est le cas notamment des cyclones (§ 104-105), des tremblements de terre (§ 105-106), de la neige (§ 107-108), des étoiles filantes (§ 114-115).

L'on constate également que les modes explicatifs en viennent à comporter deux moments ou plus, comme dans le cas de la grêle (§ 106), de la rosée ou de la glace (§ 108-109). C'est une vraie chaîne causale qui se découvre alors.

Mais des causes simples se rencontrent encore dans les analyses météorologiques : pour l'arc-en-ciel ou le halo (§ 110-111), et dans le dernier moment astronomique, elles sont à nouveau dominantes : pour les comètes, les mouvements sur place (§ 112), les planètes (§ 112-113), les retards (§ 114).

La conclusion même de la lettre réitère le mot d'ordre d'Épicure, déjà lancé dans la *Lettre à Hérodote*, de fuir le mythe, car la connaissance des principes et le mode de pensée mythique ou mythifiant sont mutuellement exclusifs. Et l'on revient à cette idée énoncée au début de la *Lettre à Hérodote* : qui maîtrise les principes, maîtrise aussi les applications particulières, sachant que ces dernières ne sont mises en œuvre qu'en vue de permettre effectivement la réalisation de la paix de l'esprit.

Mais les conditions du bonheur méritent d'être systématiquement exposées dans le cadre d'un résumé ; c'est à cela que s'efforce la dernière lettre citée par Diogène Laërce, la *Lettre à Ménécée*.

---

1. Cf. aussi Lucrèce, V, 526-533, et VI, 703-711.

LETTRE À MÉNÉCÉE

PLAN DE LA LETTRE

La *Lettre,* qui est un résumé de la doctrine éthique, présente les quatre parties du « quadruple-remède », le *tetrapharmakos* déjà mentionné : « le dieu n'est pas à craindre ; la mort ne donne pas de souci ; et tandis que le bien est facile à obtenir, le mal est facile à supporter »[1]. La *Lettre* semble d'ailleurs le présenter sans le nommer comme tel (§ 133), et on le retrouve aussi dans les *Maximes Capitales* I à IV. Il s'agit bien là d'un unique remède, dont les quatre composantes ne sont pas dissociables, mais solidaires les unes des autres : la mise en œuvre effective d'une partie du remède implique que l'on puisse aussi appliquer les autres, puisque c'est un même type de raisonnement qui y conduit.

La *Lettre* néanmoins n'est pas exactement structurée par le *tetrapharmakos*, au point que l'on puisse affirmer que son plan serait calqué entièrement sur lui : en effet, ayant abordé le thème des dieux et celui de la mort, Épicure traite simultanément de la question des biens et des maux, pour finalement tracer les contours du plus grand bien, qui est la sagesse en acte, vécue.

Adoptant la forme du protreptique, Épicure esquisse les éléments d'une progression éthique, en partant du plus urgent, de ce qui est le plus grand motif de trouble pour l'esprit, les dieux, la mort, pour acheminer le lecteur vers l'exercice conjoint du corps et de l'âme, c'est-à-dire pour apprendre à repousser le mal, et à obtenir durablement le bien. Les motifs de trouble et de souffrance maîtrisés, c'est au plus grand bien que l'on est conduit, à la philosophie comme prudence. Et tout cela se tient, car supprimer les troubles de la pensée que sont la crainte des dieux et de la mort, c'est-à-dire les maux de l'âme, revient à constituer le bien de la pensée ; de la même façon qu'envisager désirs et plaisirs conduit à « traiter », au sens technique, les biens et les maux en général, de l'âme et du corps.

I Le soin de l'âme : combattre les troubles de la pensée (§ 123-127)

Épicure aborde pour commencer les deux premiers objets de l'éthique, les dieux et la mort, dont la pensée engendre

---

1. Cf. p. 5.

des angoisses liées à la finitude individuelle (la limitation du pouvoir de connaître et d'agir d'un côté, la limitation de la durée de vie de l'autre). L'angoisse qui étreint l'homme se constitue dans des séries d'oppositions : infini-fini ; éternel-temporel. La finitude est éprouvée sur un mode que l'on qualifierait aujourd'hui de paranoïaque : l'infini semble chercher à détruire le fini, brisant par là les possibilités d'immortalité du mortel. Et si une attitude de pieuse observance, soumise, laisse espérer une récompense dans l'au-delà, les Îles des Bienheureux plutôt que les Enfers, c'est notre vie entière qui doit alors, dans l'angoisse et les tremblements, se passer à attendre ce salut incertain. Méritera-t-on cette élection, aura-t-on su conserver la pureté nécessaire ? La vie présente n'est plus que l'attente d'un au-delà d'autant plus espéré ou redouté, qu'il n'est qu'imaginé (cf. *S.V.* 14).

I.1 La pensée des dieux (§ 123-124)

Il s'agit d'abord de montrer que ces angoisses sont causées par des opinions vides : les dieux ne peuvent pas se mêler des affaires des hommes, étant ce qu'ils sont – quel intérêt y auraient-ils (à moins que nous ne devions les imaginer se nourrissant véritablement des sacrifices des hommes, et pour cela les surveillant étroitement) ? –, tout comme la mort n'a aucun rapport avec nous en tant que nous sommes vivants – de quelle façon ce qui est non-vie pourrait-il affecter ce qui est vie ? Par là même, du fait que les dieux ne vivent pas de la lutte contre les hommes ou du commerce avec eux – ce qu'attestent seulement les mythes aux mille illusions, si souvent visés par la critique épicurienne –, se dégage une autre image du divin, indépendant, tourné vers soi, qui nous libère de l'angoisse et nous aide à nous orienter : ils apparaissent immortels non pas comme s'ils traversaient le temps, mais bien comme s'ils étaient hors du temps. Parfaitement autosuffisants, ils ne dépendent pas de nous et nous-mêmes ne devons pas dépendre d'eux. En commençant par restaurer, dès le début de sa présentation de l'éthique, l'immortalité véritable des dieux qui est à comprendre en dehors de la linéarité temporelle, Épicure rassure l'homme, et lui fournit un véritable modèle de ce que nous pourrions être, si nous nous comportions en accord avec cette représentation authentique du divin. La leçon est tirée à la fin du résumé (§ 135).

I.2 La pensée de la mort et des limites (§ 124-127)

À la manière de ce qui a été esquissé pour les dieux, l'on dira de la mort que, du fait d'être un état qui ne communique pas avec l'état de vivant, elle ne peut être tenue, d'un point de vue physique, pour quelque chose qui pourrait perturber l'organisation de la vie. La vie du vivant n'est pas mêlée de mort.

Pour résoudre le faux problème de la mort, il faut s'entraîner à ne pas penser la vie par référence au temps, un temps qui nous envelopperait (cf. aussi pp. 133-135). La mort n'est pas le terme de la vie au sens où elle passerait pour son horizon fondamental, constitutif ; loin qu'il s'agisse de nier que nous sommes mortels, nous devons refuser de faire de la mort la référence de notre vie et de nos actes. Par là même disparaît l'idée d'un ultime jugement (divin) de notre vie, qui nous ferait mériter tel ou tel sort : la juste pensée de la mort rejoint ainsi la juste pensée des dieux. L'assimilation de cette analyse nous libère (de la pensée) de la mort.

II Le soin conjoint du corps et de l'âme : désirs et plaisirs (§ 127-131)

L'assimilation de ces deux premières leçons de l'éthique épicurienne est la condition d'un mode de vie nouveau, qu'elles annoncent déjà, qui ne reposera plus sur la crainte. Éradiquer le trouble de l'âme, faire en sorte qu'il ne puisse plus resurgir à certaines occasions, telle est probablement la visée majeure d'Épicure. Mais ce renouvellement ne sera complet qu'à condition de ne pas en rester à un plan théorique, qui envisage les craintes de l'âme, et tiendrait pour rien la vie de l'homme en son corps. Cette question ne peut être éludée, et il faut au contraire parvenir à accorder dans l'unité d'une même démarche l'apaisement de l'âme et du corps. Dans cette philosophie où les sens et les affections sont critères de vérité, il est bien clair que la question du corps est centrale pour l'éthique, et ne peut être désolida-

risée de la recherche du bonheur de l'âme : si la recherche
du bonheur a un sens, c'est à condition de le réaliser dans
l'âme et le corps, en accordant tout son soin à l'âme et au
corps. En l'occurrence, si le trouble est la douleur qui a son
origine en l'âme, trouble dont Épicure a déjà indiqué la
manière de le supprimer, son équivalent somatique est la
douleur proprement dite, qui a son origine dans le corps et
se trouve ressentie par l'âme.

On ne peut certes supprimer la douleur physique, comme
on met fin à la douleur de l'âme, mais on peut du moins
apprendre à maîtriser son corps et ses affections, de telle
sorte que la nuisance de la douleur soit jugulée. C'est pourquoi il faut d'abord soigner l'âme pour les maladies qui
viennent d'elle-même, afin qu'elle devienne en mesure de
mettre également en œuvre à chaque instant la cure appropriée au corps. Par là, la philosophie devient une véritable
thérapeutique.

Ainsi, Épicure va s'efforcer de montrer qu'il n'y a
aucune crainte à avoir concernant le bien et le mal. Le bien
est facile à atteindre, et le mal facile à écarter. Pour aborder
le plus largement la question éthique, Épicure traite du
désir, qui pousse à agir, et présente une classification des
types de désir.

II.1 La classification des désirs (§ 127 – 128)

Épicure spécifie le raisonnement dont il se sert pour
classer les désirs : c'est un raisonnement analogique, fondé
probablement (car cela reste quelque peu obscur) sur la
saisie des similitudes entre les divers types de désir dont
nous faisons l'expérience. On peut du reste observer que
dans les considérations précédentes, il a déjà fourni des éléments permettant de distinguer des types de désir que l'on
va voir maintenant ordonnés. En effet, avec les exemples
tirés des dieux et de la mort, Épicure s'en prenait à ces
désirs faux et les plus redoutables que sont le désir de ne
rien subir des dieux, ou le désir de ne pas mourir ; mais il
avait pris aussi l'exemple de la nourriture, agréable ou
abondante (rapprochée du temps, § 126). L'on a donc déjà
eu précédemment des exemples de désirs naturels ou vides,
correspondant à des représentations naturelles ou vides.

1. Les désirs vides naissent donc des opinions vides : l'on pourrait penser par exemple à l'espoir d'être immortel, quand tout être est voué à la destruction.

2. Les désirs seulement naturels correspondent à des fonctions naturelles, ils peuvent être satisfaits, sans que leur non-satisfaction ait une incidence véritable sur les fonctions auxquelles ils s'appliquent (boire sans soif ; manger une langouste plutôt que du pain)[1]. On doit supposer d'ailleurs qu'un désir naturel mais non nécessaire puisse devenir vide par excès et dérèglement (que rien n'apparaisse plus important au monde que de manger des langoustes).

3. Viennent enfin les désirs naturels et nécessaires, qui sont rangés en ordre d'importance décroissante : ceux qui contribuent au bonheur, à la paix du corps, et à la vie. Il est clair que les trois termes ne sont pas sur le même plan, et que le bonheur ne peut être identifié à la simple survie, ni même à la santé ou à la paix du corps. Il les suppose seulement comme conditions ; c'est d'ailleurs parce que de telles conditions doivent être remplies que notre bonheur ne peut pas être simplement comparé à celui des dieux. L'on ne va donc pas dans ce classement du moins nécessaire au plus nécessaire, mais c'est l'inverse : il n'est pas de désir qui soit plus naturel et nécessaire que le désir de bonheur ; la paix du corps et la vie sont des conditions préalables pour réaliser le bonheur, mais ce ne sont pas des fins en soi, à la différence de ce dernier. La *Lettre à Ménécée* ne commence-t-elle d'ailleurs pas par la remarque que nous faisons tout pour obtenir le bonheur, et qu'en conséquence nous ne devons pas différer sa recherche, ne jamais y renoncer (§ 122) ? Épicure ne commence-t-il pas par écarter les plus graves causes d'inquiétude, la fausse pensée des dieux et de la mort ?

Le § 128 justifie cette taxinomie en fonction de la finalité de la vie bienheureuse, déterminée ici comme « santé du corps et ataraxie ». De ce point de vue, tous les désirs ne se valent pas, puisque les objets du désir entrent dans cette fin, ou l'entravent, ou sont indifférents. Et dans ce qui suit, Épicure rend raison de cette affirmation qui définit négati-

---

1. Cf. *M.C.* XXIX, et scholie *ad loc.*

vement le bonheur : conçu comme fin, le bonheur est un état
où l'on ne doit plus éprouver d'affection douloureuse, que
son origine en soit le corps ou l'âme. C'est bien pourquoi
le bonheur ne se réduit pas à la paix du corps : la paix du
corps est en vue de la paix de l'âme. Le bonheur représente
donc un état de paix, qui réalise une certaine plénitude physique (de l'âme et du corps). Pour cela, il faut savoir
opposer le plaisir à la douleur, lorsque cela est nécessaire.
Et lorsque la douleur est supprimée, la recherche du plaisir
n'est plus nécessaire, puisqu'il est déjà donné.

En même temps, cela montré, nous n'avons encore
qu'une détermination négative du bonheur, par suppression
des entraves au bonheur. Cela n'est guère étonnant, puisque
tel est l'objectif majeur de la lettre : offrir une propédeutique au bien-vivre ; toutefois, la fin du résumé fera
entrevoir la face positive de cet itinéraire.

II.2 Le plaisir – principe (§ 128-130)

Le résumé étant parti de ce qu'il y avait de plus urgent
à écarter, il gagne ensuite en généralité, et après la classification des désirs, il fournit le véritable fondement de la
réflexion éthique (« Et c'est pour cette raison… »), en ramenant tout choix et tout refus au principe de l'action, le
principe de plaisir.

Ainsi que l'explique Diogène Laërce, X, 34 dans sa présentation des critères de la vérité selon les Épicuriens :

> « Ils disent qu'il y a deux types d'affection, le plaisir et la
> douleur, qui se trouvent en tout être vivant ; l'un qui lui est
> approprié, l'autre qui lui est étranger, et c'est par eux que
> nous décidons ce que nous choisissons et ce que nous
> refusons ; et parmi les recherches, les unes portent sur les
> choses, les autres se rapportent simplement au son. »

Or, la fin éthique est pensée en prenant pour règle, ou
« canon », le plaisir : la *Lettre à Ménécée* dit expressément
que le plaisir est le principe et la fin de la vie bienheureuse
(§ 128). Ensuite, il exprime également l'idée que la suffisance à soi (*autarkeia*) est un grand bien (§ 130) ; et plus
loin, il ajoute que « de tout cela le principe et le plus grand
bien est la prudence » (§ 132). De cette manière, la *Lettre*,
après avoir atteint le plan le plus fondamental au sens de ce

qui a la plus grande universalité (§ 128), nous reconduit vers le bonheur, qui est la fin pratique.

C'est le critère des affections qui est au cœur de la vie pratique : ainsi, la mise en œuvre de la vie heureuse sur ce fondement affectif est strictement parallèle à celle de la connaissance vraie sur les sensations. Mais ces parallèles tendent en fait à se confondre, non seulement parce que dans la *Lettre à Hérodote* Épicure lie de la manière la plus nette le critère de l'affection au critère de la sensation (§ 38, avant de réclamer que l'on s'appuie sur tous les critères au § 82), mais aussi parce que la connaissance procure le plus parfait plaisir, et le plaisir qui nourrit le bonheur procède de la connaissance[1]. Sans épuiser l'éthique, la connaissance que procure l'étude de la nature se trouve être son principe, en écartant le trouble, et son terme, en faisant éprouver le plaisir plein de la connaissance sereine.

– Le calcul des plaisirs (§ 129-130)

En fait, ce que l'on appelle le calcul des plaisirs, universellement pratiqué, intervient manifestement dans l'apprentissage de la sagesse, mais il peut valoir comme un précepte de morale moyenne (car on doit pouvoir aisément convaincre le grand nombre qu'il est plus raisonnable de renoncer à certains plaisirs pour en obtenir d'autres, plutôt que de se livrer aveuglément à la quête des plaisirs qui s'offrent à l'aventure), et en même temps reste pertinent pour le sage. En vue de la sagesse, il doit en tout cas se faire selon le plus simple, puisque la sagesse vise l'abaissement des besoins. Il reste que par ce calcul est pris en compte le temps à venir, en vue de la plus grande continuité du plaisir. L'on doit donc renoncer aux plaisirs les plus mobiles, ceux qui nous exposent le plus à la dépendance, aux plaisirs de la chair – ce que faisait déjà voir la classification des désirs[2]. Si donc tout plaisir est un bien, et si pour commencer l'on recherche tout plaisir, tout plaisir toutefois, l'expérience l'enseigne, n'est pas à choisir.

---

1. Cf. *M.C.*, XVIII et XX.
2. Cf. Cicéron, *Des fins des biens et des maux*, I, 14,48.

– Plaisirs, mouvement et stabilité : les types de plaisir

On pourrait objecter qu'à chaque renaissance du besoin, le plaisir est détruit, déstabilisé : comment peut-on alors prétendre se maintenir constamment dans le plaisir ? N'est-ce pas une série de discontinuités qui composent (ou décomposent) un *continuum* de plaisir ? Prise à la lettre, la nécessité d'un calcul des plaisirs pourrait sembler rendre illusoire la possibilité d'un état de plaisir continu. Considérer ainsi les choses serait pourtant erroné, comme on le comprendra mieux en se référant à quelques textes complémentaires, qui abordent de manière assez complète la théorie du plaisir. En fait, le calcul des plaisirs conduit à la suffisance à soi, et la suffisance à soi à la vie de sagesse.

Le plaisir est bien défini comme fin : mais comment peut-on définir le plaisir par la seule suppression de la douleur ? Est-ce une vue consistante ? Ces remarques de J. Bollack indiquent une direction : « s'il est question de suppression, c'est parce que l'absence de la souffrance, au lieu d'être la finalité qu'on en fait, est la condition première de toutes les conversions possibles »[1]. Et le même auteur précise plus loin : « Le plaisir n'est pas dans l'absence de douleur même, mais dans l'appropriation par la pensée de cet état qui n'est plus ressenti comme un manque, mais devient l'usage véritable du plaisir. Il y a entre la présence du plaisir et l'absence de douleur le même écart qu'entre l'absence de douleur et la douleur »[2]. Nous sommes loin de l'hédonisme vulgaire qu'évoque la *Sentence Vaticane* 11, paraissant osciller entre excitation et engourdissement.

Diogène Laërce et Cicéron attestent la distinction par Épicure d'un plaisir en mouvement, « cinétique », et d'un plaisir stable, « catastématique[3] » :

---

1. *La pensée du plaisir,* p. 245.
2. *Ibid.,* p. 54s.
3. La distinction du plaisir en repos et du plaisir en mouvement est ébauchée par Aristote (cf. *Éthique à Nicomaque,* VII, 13, 1153 a 9-11), « les plaisirs ne sont pas des devenirs, ni ne sont pas tous liés à des devenirs mais ils sont des actes et une fin ; et ils ne se produisent parce qu'ils sont des devenirs, mais parce que l'on fait usage d'eux ». Le parfait plaisir, qui n'est pas mêlé au devenir, est celui que connaissent les dieux (VII, 15, 1154 b 27-28).

« Il se distingue des Cyrénaïques sur le plaisir ; ces derniers en effet ne retiennent pas le plaisir stable, mais seulement le plaisir en mouvement. Lui au contraire retient les deux, pour l'âme et pour le corps, comme il l'explique dans le traité *Sur le choix et le refus*, dans celui *Sur la fin*, et dans le livre I du traité *Sur les modes de vie*, et dans la *Lettre aux philosophes de Mytilène*. De la même manière, Diogène dans le dix-septième livre des *Épilectes*, aussi bien que Métrodore dans son *Timocrate* parlent comme lui, puisque le plaisir est pensé comme plaisir selon le mouvement et plaisir stable. Épicure dans le traité *Sur les choix*, s'exprime ainsi : "l'absence de trouble et l'absence de peine[1] sont des plaisirs stables, mais la joie et la gaieté sont vues comme des plaisirs selon le mouvement, lorsqu'elles sont en acte"[2] ».

Avec l'aide supplémentaire des développements figurant dans le dialogue *Des fins des biens et des maux* de Cicéron, l'on parvient à reconstituer une grande partie de la théorie du plaisir d'Épicure : il en existe deux types, le premier ne définit pas le bien suprême, mais représente un plaisir qu'il n'est pas illégitime de poursuivre. C'est un plaisir « qui meut notre nature même par une douceur (*suavitas*) et qui est perçue par les sens avec un certain agrément (*jucunditas*) » ; c'est donc un plaisir en mouvement, lié à notre sensibilité. Le second type de plaisir est « le plus grand plaisir, que l'on perçoit lorsque la douleur a disparu ». Tel est le plaisir stable, et c'est cette définition du plaisir qui prévaut pour déterminer le souverain bien, comme l'indique le qualificatif de *maxima*. Et Torquatus, le porte-parole épicurien dans le dialogue, d'expliquer :

« Car lorsque nous sommes privés de la douleur, par cette libération et cette évacuation de tout désagrément, nous nous réjouissons (*gaudemus*), or tout ce par quoi nous nous réjouissons est un plaisir, comme tout ce par quoi nous sommes offensés est une douleur, donc la privation de toute douleur a été à juste titre appelée plaisir[3] ».

---

1. L'*ataraxia* et l'*aponia*.
2. D.L., X, 136.
3. *Des fins des biens et des maux*, I, 11, 37.

L'exemple, pris à la suite, de la satisfaction de la faim, n'est que la référence première, évidente, pour penser « toute douleur », la douleur morale aussi bien que physique. Par là, le raisonnement épicurien fait tourner une description (que se passe-t-il lorsqu'on apaise la faim ?), en un discours prescriptif (chasser l'angoisse apporte la paix), l'analyse physique en un discours éthique.

> « Épicure pense que le plaisir suprême est délimité par la privation de toute douleur, de sorte qu'ensuite le plaisir peut être varié, différencié, mais ne peut être augmenté ni amplifié »

dit encore Torquatus[1], en conformité avec les *Maximes Capitales* III et XVIII où est énoncée la règle de limitation des plaisirs. Ainsi, le bonheur est délimité par une limite inférieure, et non supérieure ; il est défini négativement par rapport au corps (pour l'absence de douleurs du corps, l'aponie, et, prenant appui sur elle, l'ataraxie).

Quelle que soit la nature particulière du plaisir, il faut que le plaisir définissant le souverain bien écarte la douleur (ce plaisir est ainsi une réponse à un désir naturel et nécessaire). La question est de savoir si la variation du plaisir ensuite reste dans les limites du plaisir suprême, et comment. Ici, une alternative se présente : varier le plaisir indolore par des plaisirs corporels, ou par des plaisirs mentaux. La nécessité, à partir d'un hédonisme naturel, de faire le choix de la vie proprement philosophique, apparaît ici.

D'où l'idée sans doute que le type de plaisir dont il faut s'écarter est celui qui cherche sans cesse à s'accroître : tel est le plaisir de la chair quand l'homme se met à le poursuivre de manière irréfléchie[2]. Or, la prise de conscience de la limite de la chair conduit à modifier son comportement vis-à-vis du plaisir, moins recherché dans des excitants extérieurs qu'en soi-même, de sorte que les variations du plaisir, qui entretiennent cet état de suppression de la douleur, sont d'abord intellectuelles. Mais au total, la suppression de la douleur se réalise dans l'équilibre des parties corporelles et psychiques du composé vivant, et cela

---

1. *Ibid.*, I, 11,38.
2. Cf. *M.C.* XX.

suppose un exercice renouvelé, réitéré de soi sur soi. Pour l'esprit, supprimer la douleur, c'est chasser les motifs intellectuels de trouble (concernant les dieux, la mort, le bien et le mal) aussi bien que surmonter les causes corporelles de douleur.

Tout acte de connaissance supprime la douleur, en même temps qu'il est par lui-même un acte joyeux. C'est ce que dit Torquatus : le mouvement de joie accompagne le plaisir stable et la stabilité est à comprendre par rapport à l'état général du corps.

Au total, on peut avancer la thèse double selon laquelle le mauvais état du corps (par la douleur non surmontée, ou la recherche excessive des plaisirs, les effets de l'une et l'autre revenant peut-être au même) entraîne le mauvais état de l'âme (angoisse, trouble)[1], et qu'à l'inverse la claire vision de l'âme conduisant à la paix de l'âme conduit aussi à la paix du corps : il n'est pas de douleur du corps qui ne puisse être surmontée – la douleur qui dure est légère, elle est réduite au point de tendre vers le plaisir stable[2].

Dans un passage ultérieur du dialogue de Cicéron[3], Torquatus explique particulièrement bien en quoi consiste la vie bienheureuse fondée sur le plaisir : c'est une vie de plaisir pour l'âme et pour le corps, qui écarte toute douleur. On y saisit excellemment combien la pratique philosophique s'assimile à une technique de suppression des douleurs et des craintes : on écarte la crainte de la mort (parce qu'elle est un non-être physique), la douleur (la douleur du corps est dominée par la pensée, qu'elle soit légère ou forte), la crainte des dieux, la perte des moments de plaisir. Cela n'est rien d'autre que l'application du *tetrapharmakos*, qui est donc la clé même du bonheur.

Il doit y avoir une économie des plaisirs, une conservation et administration des plaisirs qui réalise en quelque sorte l'autonomisation de la vie heureuse, qui permet de faire pièce à tous les obstacles, à toutes les agressions extérieures, d'opposer aux douleurs des plaisirs pensés,

---

1. Cela correspond en partie à ce que dit la *M.C.* X .
2. Cf. *M.C.* IV ; cela rejoint partiellement la *M.C.* XII.
3. *Des fins des biens et des maux,* I, 12,40-42.

remémorés[1]. Ainsi, la réponse définitive à la question déjà posée touchant la continuité du plaisir pour le sage, est livrée par Diogène Laërce :

« Mais une fois que l'on est devenu un sage, on ne peut plus connaître la disposition opposée, pas même feindre de son propre chef »[2].

II.3 La suffisance à soi (*autarkeia*) (§ 130-132)

Parce que la maîtrise des désirs et le calcul des plaisirs conduit à l'absence de douleur du corps, l'« aponie », et à l'ataraxie de l'âme (correspondant au plaisir stable), le bonheur sera – premier point – cet état dans lequel *nous ne sommes plus dépendants du besoin*, car nous nous rendons maîtres de cette dépendance (circonscrite aux besoins nécessaires), et c'est nous-mêmes qui pouvons nous en libérer, comme il a été indiqué. Ainsi le besoin est réduit, et plutôt qu'avoir besoin des plaisirs, désormais – c'est le deuxième point – il s'agit pour nous d'*user des plaisirs* ; cela ne signifie pas que tout besoin est définitivement supprimé, que le sage ne souffre absolument plus, s'il est vrai qu'en tant que vivant nous restons soumis à des besoins essentiels, du fait des nécessités irréductibles, des hasards. Mais le sage sait passer sans encombre de la satisfaction du besoin à l'accomplissement eudémonique[3], parce que ce besoin a été réduit au minimum. Ce n'est donc pas un état d'immobilité, mais bien de stabilité ; dans le bonheur, le sage jouit d'un plaisir global qui est devenu inentamable : il n'est pas soumis à variation, il est constant, quand bien même le corps nous ferait éprouver des douleurs. C'est ce plaisir stable que rend possible l'ataraxie, qui correspond même à l'ataraxie[4].

Ne pas avoir besoin de plaisir ne signifie donc pas se passer de plaisir : c'est un autre plaisir qui a cours, maîtrisé et libre. Ou plutôt, c'est un même sentiment de plaisir (qui fait parler dans tous les cas de « plaisir »), fondé sur d'autres causes, puisque le plaisir n'est pas d'abord cherché

1. Cf. notamment la *M.C.* XX déjà citée, et la XXI.
2. D.L., X, 117.
3. Cf. § 128 ; *M.C.* XXI.
4. Cf. Cicéron, *Des fins des biens et des maux*, I, 18,59 ; I, 19,62.

dans un mouvement corporel, mais est trouvé dans une stabilité d'ensemble qui se tient à l'écart des mouvements excessifs. La *Maxime Capitale* IX énonce à quelle condition tous les plaisirs se vaudraient : s'ils se condensaient en un seul, devenant le plaisir catastématique lui-même. Ainsi, un troisième point de l'analyse se dégage : l'usage des plaisirs, ce sont des *variations modérées de plaisir*, qui ne sont pour ainsi dire plus dépendantes des besoins, ce sont des *exercices de maîtrise de soi*. À cet égard, on ne doit pas se tromper sur le sens de cette formule : « jouissent avec le plus de plaisir de la profusion ceux qui ont le moins besoin d'elle » (§ 130). Ce n'est pas d'une variation dans l'intensité du plaisir, qu'il s'agit. Comme il le rappelle dans les lignes qui suivent (et comme l'exposent clairement les *Maximes Capitales* III et XVIII), la limite de la grandeur des plaisirs est la suppression de la douleur : il peut y avoir variation, mais non accroissement. C'est justement de cette illusion que sont victimes ceux qui voient le plaisir comme un excès. En conséquence, l'extrême plaisir qu'éprouve ici l'homme auto-suffisant, tient au caractère exceptionnel de la profusion dont il jouit. La modération du sage est d'ailleurs si grande que la profusion est vue comme un excès par rapport au minimum nécessaire : tout écart par rapport au régime le plus sobre apparaît ainsi comme une profusion. Le plaisir qu'engendre l'exceptionnel, ne pouvant procéder d'un surcroît d'intensité physique, est donc en fin de compte un plaisir de l'esprit ; il se lie au plaisir de la fête, à la joie du partage communautaire.

L'état de paix qui est atteint est donc un état plaisant, puisque le plaisir stable, dont la stabilité tient à l'absence de mouvement physique fort (en particulier, pas d'excitation du corps liée à un manque), n'est pas absence de plaisir.

Cette stabilité signifie au sens strict la suffisance à soi de l'individu, et tout repose finalement – quatrième point – sur *le plaisir de pensée* (la joie qu'éprouve l'âme a son origine en elle-même) qui permet effectivement de se rendre maître de soi, et garantit de la manière la plus durable la stabilité. Mais alors il est clair que la vérité du plaisir nous a été montrée d'emblée, lorsque Épicure purgeait les troubles de l'âme et lui donnait les moyens de penser, libre de toute crainte : la représentation correcte des dieux et de la mort nous donne la véritable clé pour chasser le mal, et acquérir notre bien, c'est-à-dire réaliser le bonheur.

III La philosophie comme exercice (§ 132-135)

III.1 La prudence : la vie vertueuse comme vie de plaisir (§ 132)

Épicure ne se prononce pas en faveur de la prudence, contre la philosophie, comme on l'a compris le plus souvent[1], – pourquoi commencerait-il sa lettre en enjoignant à Ménécée de philosopher ? – mais, voyant dans le fait de philosopher un exercice appliqué[2], il définit la philosophie en son sens le plus haut, *comme* sagesse pratique, ou prudence, contre tout idéal contemplatif[3]. Et parce que cette détermination résulte du fondement hédoniste de l'éthique, Épicure peut, retrouvant les accents socratiques[4] du *Protagoras*, faire de la prudence la condition du plaisir, du plaisir la condition des vertus, au point que la véritable vie de plaisir, telle que l'entend Épicure, se confonde strictement avec la vie vertueuse. Cela ne signifie pas toutefois que le plaisir soit identique à la vertu : le plaisir est éprouvé par tous les animaux, et la vertu morale, ou plus exactement l'action moralement vertueuse, est pour l'homme le seul moyen sûr de vivre une vie de plaisir.

La présentation que fait Épicure, si l'on suit ma compréhension du texte non corrigé, est d'ailleurs subtile. Il s'agit bien d'établir la corrélation entre plaisir et vertu, mais Épicure ne se contente pas d'opérer un renversement symétrique, nous disant que la vie de plaisir est la vie de vertu, et la vie de vertu la vie de plaisir. La phrase indique dans son premier membre que pour vivre avec plaisir, il faut la prudence, c'est-à-dire la sagesse pratique : elle est la vertu majeure, la vertu des vertus, qui est principe, car c'est elle

---

1. L'interprétation que j'écarte est liée à une décision philologique.
2. Cf. plus haut, pp. 28-30.
3. La *theoria* dont il parle fréquemment ne signifie rien de plus pour lui que l'observation, l'étude ; c'est en ce sens aussi que l'emploie Aristote, même si ce n'est pas, pour ce dernier, la seule valeur du terme.
4. Cf. l'argumentation que Platon fait développer à Socrate, face au sophiste Protagoras (351 b – 358 d).

qui procure les moyens de la moralité, qui sont aussi les moyens du plaisir le plus continu. Le deuxième membre part inversement de la vie morale en acte, réalisée, la vie bonne et juste, qui ne peut, en vertu de la précédente proposition, que s'accomplir dans le plaisir. Cela indiqué, vient la conclusion générale, bien connue, selon laquelle vertu et plaisir sont inséparables.

III.2 La force du sage (§ 133-134)

Une longue phrase rappelle à Ménécée l'essentiel des différents points abordés, et introduit consécutivement une distinction entre trois notions que le discours éthique (en général) fait intervenir : la nécessité, la fortune et ce qui dépend de nous.

– Remémoration des préceptes (§ 133)

Le contenu du *tetrapharmakos* apparaît ici, présenté par Épicure lui-même (pour la première fois peut-être), et condensant le plus brièvement les sujets abordés précédemment dans la *Lettre* : les dieux, la mort, les biens et les maux. L'appel à la piété se comprend bien rapporté aux § 123-124, la sérénité à l'égard de la mort est bien la conséquence des arguments des § 124-127, tandis que l'attitude à l'égard des biens et des maux découle des développements des § 127-131 consacrés aux désirs et aux plaisirs. A la vérité, c'est plutôt la manière d'accéder au bien qui ressort désormais clairement ; quant à la manière dont les maux en général sont peu de chose pour le sage, ce point reste en partie implicite. On peut avoir le sentiment d'en apprendre plus grâce à la *Maxime Capitale* V, qui introduit différents types de douleur corporelle, et différentes manières de les endiguer, ou grâce aux passages de Cicéron déjà cités.

Aussi faudrait-il surtout insister, pour justifier la maîtrise des maux, sur la manière dont l'âme est capable par elle-même d'endiguer les douleurs du corps (notamment celles de la maladie). En effet, une douleur qu'éprouve le corps peut être supprimée soit corporellement (manger pour la faim) soit psychiquement (opposer à la douleur de la maladie le plaisir de souvenirs plaisants). Et c'est bien ce dernier cas qui est le plus intéressant : Épicure nous montre comment surmonter la maladie, en endiguant l'élan de la

douleur, issu du corps, par l'élan du plaisir issu de l'âme
seule. Ainsi, Épicure écrit mourant à Idoménée pour lui
laisser un dernier message philosophique : bien qu'il ait dû
endurer des douleurs physiques très fortes, « à tout cela a
résisté la joie dans l'âme, au souvenir de nos conversations
passées »[1]. Or, la pensée juste, que l'on oppose aux craintes,
et qui procure en elle-même le plaisir, procède du même
mouvement de réduction de la douleur. C'est donc un seul
et même savoir qui nous place à l'abri du mal, et nous
oriente vers le bien.

Comme je l'ai indiqué précédemment[2], les plaisirs
(psycho-)somatiques sont toujours « en mouvement », à
l'exception du plaisir éprouvé dans l'état de stabilité
qu'éprouve celui qui n'est plus troublé ; le plaisir psychique
est alors en repos, et il redouble ainsi l'état neutre du corps.
Au-delà, et sans qu'il n'y ait plus de parallélisme entre
l'âme et le corps, se fait jour un plaisir de l'âme, qui est pur
plaisir de pensée. Ce mouvement de l'âme, physiquement
imperceptible, bien qu'il puisse s'épancher, est désigné
comme « joie » (*chara*, *euphrosunè*). Du texte de Diogène
Laërce, X, 136 déjà cité (p. 121), on doit ici particulièrement retenir la fin :

> « Épicure dans le traité *Sur les choix*, s'exprime ainsi :
> "l'absence de trouble et l'absence de peine sont des plaisirs
> stables, mais la joie et la gaieté sont vues comme des plaisirs
> selon le mouvement, lorsqu'elles sont en acte" ».

Au sein du plaisir catastématique, qui est en quelque
sorte plaisir d'exister, il y a un plaisir en mouvement, qui
est l'acte de l'âme seule, de « l'âme de l'âme », comme dit
Lucrèce (III, 275), jouissant d'elle-même et de ses pensées ;
c'est cet état qu'alimente l'amitié. Cet acte n'affecte les
membres et les organes qu'en ce qu'il endigue les désirs que
le corps pourrait susciter, il reste essentiellement plaisir de
pensée[3]. De même Lucrèce évoque la joie de l'âme seule
(*animus*), sans mouvement de l'*anima* ni du corps[4]. Ce

1. D.L., X, 22.
2. Cf. plus haut, pp. 120-123.
3. Cf. aussi *S. V.*, 14, 17, 48.
4. III, 147-151.

mouvement débordant de l'âme serait à lier à la représentation des dieux, image de soi parfaite (que chacun commence par former, mais recouvre) ; et c'est ce mouvement qui se réalise dans la relation d'amitié.

– *La nécessité, la fortune, et ce qui dépend de nous* (§ 133-134)

Épicure procède à des distinctions capitales, entre la nécessité-destin, la fortune, et ce qui dépend de nous. La thèse rejetée est celle d'une nécessité comprise comme principe cosmique, Nécessité ou Destin. On pensera à Parménide, pour cette Nécessité cosmique supposée gouverner toutes choses, ou encore à Empédocle[1] ; mais c'est peut-être l'usage important que faisait Démocrite de la nécessité, visé au début de la *Lettre à Pythoclès* (§ 90), qui est le plus en vue. Quant au Destin, son sens populaire et mythique tend à se systématiser au contact de la pensée physique : le résultat est que l'individu semble pris dans un réseau de causes mécaniques lui retirant toute capacité d'auto-détermination ; c'est la position stoïcienne qui se trouve d'ores et déjà critiquée ici. Ériger de tels principes conduit au déterminisme, ce qu'exclut Épicure ; comme le dit la *Sentence Vaticane* 9, la nécessité est un mal qui n'est pas nécessaire. Cette dernière formule semble impliquer que l'on ne subit pas la nécessité ; tel est précisément ce que vise à montrer l'argument de la *Sentence Vaticane* 40, qui a souvent paru étrange :

> « Celui qui dit que tout arrive selon la nécessité n'a rien à redire à celui qui dit que tout n'arrive pas selon la nécessité ; car il dit que cela même arrive selon la nécessité. »

A la thèse du nécessitariste, le non-nécessitariste oppose une thèse contradictoire : la nécessité défendue par le nécessitariste l'empêche de discuter, et plus encore de réfuter la thèse d'une nécessité partielle. Ainsi, le nécessitariste ne peut pas faire triompher sa thèse. Étant incapable d'imposer la validité de sa thèse, il renforce par contre-coup la validité de la thèse opposée, celle de la nécessité partielle. Cet argu-

---

1. Parménide, fr. B 8, 30 DK ; Empédocle, 110 Bollack (B 115, 1-2 DK).

ment que restitue la sentence entrait en fait dans une discussion plus large touchant le nécessitarisme, et qui établissait l'auto-réfutation du partisan d'une telle thèse[1].

Le nécessitarisme découle de deux illusions principales : une illusion rétrospective, qui nous fait considérer comme nécessaire ce qui a eu lieu, alors que le futur est ouvert et ne permet même pas qu'on lui applique la logique du tiers-exclu (cette détermination du futur n'implique évidemment pas que seul le hasard y satisfasse, mais la fortune et ce qui dépend de nous)[2] ; une illusion généralisante : du constat que des nécessités pèsent sur nous, l'on peut penser que tout est soumis à des nécessités. C'est l'erreur qu'Épicure évite, lui qui circonscrit le domaine du nécessaire dans son analyse du désir (les désirs naturels et nécessaires), comme il circonscrit le domaine du nécessaire qui pèse sur le réel et sur l'analyse physique (la mise en évidence de ce qui est impossible, permet de dégager une certaine valeur de la nécessité physique, en fonction des contraintes réciproques qu'exercent les atomes entre eux, les atomes et le vide, les combinaisons atomiques ; l'origine du monde est même liée à une certaine nécessité)[3]. Du point de vue moral, les nécessités qui pèsent sur nous ne peuvent évidemment pas être tenues pour responsables, puisqu'elles constituent des contraintes qui ne sauraient expliquer ce que nous sommes, ce que nous choisissons d'être. La maîtrise des désirs permet même de se libérer de ces contraintes-là, puisque la réponse que l'on donne à ces désirs est entièrement dirigée, choisie par nous. Inversement, la position éthique du physicien nécessitariste doit le conduire à renoncer à cette maîtrise. De plus, cette illusion nécessitariste permet de comprendre le développement de cette autre illusion qu'est le désir vide pléonexique, ne pouvant jamais se satisfaire, comme si, ne

---

1. Par chance, nous avons cette argumentation complète dans un passage du *De la nature* d'Épicure remarquablement étudié par D. Sedley, dans « Epicurus'Refutation of Determinism », *SUZÈTÈSIS*, I, p. 11-51. De façon analogue, Lucrèce montre en IV, 469-477, comment le sceptique s'auto-réfute.
2. Cf. Cicéron, *De la nature des dieux*, I, 25, 70 ; *Du destin* X, 21 ; XVI, 37-38 ; *Académiques*, II, 97.
3. Cf. *L. à Hér.*, § 77 ; *L. à Pyth.*, § 92.

pouvant nous donner de règle, et toujours menacés de destruction, ne s'offrait que l'issue d'une fuite en avant.

Ainsi, la nécessité est assurément une catégorie éthique, mais elle ne permet pas de penser l'agent moral : « la nécessité n'est pas responsable », elle ne produit rien, elle est le nom générique des contraintes qui pèsent sur nous. Il reste alors deux autres catégories qu'envisage à la suite Épicure : la fortune, et ce qui dépend de nous. Toutes deux sont d'abord déterminées négativement, à la manière de la nécessité, mais cette approche négative ne revêt pas pour chacune la même signification.

À la différence de la nécessité, la fortune peut contribuer à obtenir le bien, ainsi qu'il va l'expliquer ensuite, mais c'est en tant que cause « instable ». Ainsi, Épicure considère que les causes extérieures qui influent sur notre comportement, et contribuent à notre bien, sont des causes qui surviennent par fortune plutôt qu'elles ne sont l'effet de la nécessité. Mais ceci ne signifie pas que nous soyons voués à la fortune ; et ce que nous voulons penser, ce n'est pas l'aléatoire en tant que tel, bien plutôt le moyen d'être heureux. S'en tenir à la seule fortune nous conduirait à dériver au fil des événements : elle est certes préférable au « destin des physiciens », mais cette fortune mythique, en laquelle certains voient à tort un dieu, ne permet pas de fonder une éthique. Il faut pour cela reconnaître une instance responsable, et tel est ce qui nous revient, c'est-à-dire « ce qui dépend de nous », qui est susceptible d'imputation, que l'on peut blâmer ou l'inverse.

Épicure n'exclut pas du reste que la fortune puisse contribuer au bonheur, mais elle n'est pas essentielle. Elle l'est si peu que dans la *Maxime Capitale* XVI, Épicure met en évidence l'indifférence du sage à la fortune, puisque aussi bien celle-ci peut nous être défavorable :

> « Faiblement sur le sage la fortune s'abat : le raisonnement a ordonné les éléments majeurs et vraiment capitaux, et tout au long du temps continu de la vie les administre et les administrera. »

Plus encore, il faut savoir s'opposer à la fortune, pour imposer précisément son indépendance :

« Je t'ai devancée, Fortune, et j'ai fait pièce à toutes tes intrusions. Et nous ne nous livrerons nous-mêmes ni à toi ni à aucune autre sorte d'embarras ; mais lorsque l'inéluctable nous fera partir, lançant un grand crachat sur la vie et sur ceux qui se collent vainement à elle, nous sortirons de la vie, clamant en un péan plein de beauté que nous avons bien vécu. » (*S.V.* 47)

La fortune s'abat sur quelqu'un, elle n'est pas seulement le hasard[1], mais consiste en une série causale qui vient non intentionnellement, mais avec les apparences d'une intention, à la rencontre d'un individu, venant entraver, interrompre ou favoriser l'action spontanée d'un agent. L'importance de la fortune, qui revêt les apparences d'une intention, doit être par le sage, réduite. Mais elle ne saurait être supprimée, puisque la fortune résulte de cette indétermination, de ce hasard, qui rend possible l'auto-détermination.

Conclusion (§ 134-135)

La conclusion, brève, fait pourtant retentir la promesse d'un bonheur parfait. De même que le résumé de la *phusiologia* dans la *Lettre à Hérodote* visait à débarrasser des troubles majeurs, pour atteindre l'ataraxie, de même ici le résumé des propositions essentielles de la doctrine éthique, dûment remémoré et appliqué, doit permettre d'éloigner tout motif de trouble. L'accès définitif au bonheur suppose finalement de savoir bien se situer par rapport à la fortune, d'en reconnaître l'action éventuelle en faveur de soi, sans jamais en dépendre. Ainsi, il n'est pas interdit de faire bonne chère si l'occasion se présente, mais dépendre de la bonne chère est ruineux pour la quête du bonheur. De la manière la plus légère et la plus libre qui soit, le sage sait faire sa part à la fortune, sans que celle-ci soit jamais constitutive du bonheur lui-même, qui dépend de soi seul.

---

1. Hasard correspond en grec à *to automaton*, que l'on rencontre dans des fragments de l'œuvre d'Épicure (notamment *Sur la nature*, 34 Arrighetti), mais pas ici.

De façon assez singulière, Épicure évoque alors l'état de veille et l'état de sommeil, pour suggérer que l'entraînement à la sagesse est continu, et ne s'interrompt pas, même lorsque nous dormons. Car nous devons d'abord faire effort sur nous-mêmes, et trouver une aide dans l'autre qui, comme nous, s'efforce à la sagesse, c'est-à-dire dans l'ami. À cet entraînement diurne se lie un entraînement nocturne : le sage libéré du trouble apprend à user de représentations, de rêves correspondant à son propre état intérieur. L'on projette ainsi dans la figure du dieu la perfection que l'on recherche pour soi-même.

Tel est d'ailleurs le résultat de cette préparation à la sagesse : grâce à l'ataraxie, l'individu peut vivre « comme un dieu parmi les hommes ». Cette vie divine n'est pas une divinisation, ou une immortalisation liée à une contemplation des Idées ou des Principes, à une séparation de l'âme et du corps : elle se produit sur terre, parmi les hommes, par cette vie pacifiée. Cette promesse d'une vie en dieu rejoint exactement la promesse d'une vie de paix, au sens le plus fort, qu'annonçait la *Lettre à Hérodote*. C'est là le versant positif de la recherche d'une sécurité : le sage connaît l'accomplissement unique d'une perfection, l'immortalisation – hors du temps – de ce qui est mortel, de l'éphémère.

Porteur de l'immortalité, l'homme l'est, comme Épicure s'est efforcé de le rappeler à Ménécée, et au-delà de lui à chaque homme, quand il a commencé son résumé de l'éthique avec la pensée du dieu. C'est en quoi le résumé, et par là l'éthique tout entière, accomplit une boucle parfaite : comprendre que l'on a en soi toutes les raisons du bonheur, puisque le dieu n'est rien d'autre que ce que l'on voit, ce que l'on voudrait être, et que l'on devient.

– Remarque finale : Le sage et le temps

Le temps doit être ressaisi à chaque instant, le passé et le futur doivent être appréhendés par rapport au présent vécu. L'erreur trop souvent commise consiste justement à isoler le temps, à le considérer comme une réalité indépendante, et en conséquence à voir le passé comme ce dont le présent nous coupe, inversement à faire du futur un domaine qui nous échappe et nous menace par la promesse d'une mort, qui se trouve ainsi élevée à un rang qui, rapporté au vivant, ne lui revient absolument pas. L'on en vient à désirer vainement « un temps inaccessible » (*Lettre à Ménécée*, § 124). En réalité, le passé ne prend sens que dans l'exercice de remémoration sélectif qui retient les moments de plaisir et accroît d'autant la force de vie individuelle ; celle-ci, qui se dit au présent, reste liée organiquement à ce passé ; de même, le futur n'est que la dimension d'anticipation de cette force vitale s'appliquant à se maintenir dans l'état de paix[1].

Avec précision, la *Sentence Vaticane* 48 montre comment, par anticipations successives, l'action doit progresser dans le temps, en direction d'une limite, atteinte lorsqu'on ressent une joie égale. Ainsi dans l'état de paix joyeuse se trouve dépassé le temps illimité, c'est-à-dire le temps dans sa contingence. Cela n'est pas en désaccord avec le calcul des plaisirs dont parle Épicure dans la *Lettre à Ménécée*, § 129-130, car le calcul des plaisirs sert d'abord l'apprentissage du bonheur : Épicure indique la voie à qui n'a pas la maîtrise du temps, et donc pas la maîtrise de soi. Il faut donc renoncer à un plaisir immédiat qui serait suivi d'un mal plus grand, pour un plaisir différé mais sans contre-partie. L'état de joie suppose cet apprentissage, mais ne requiert plus le calcul : l'homme autarcique sait ce qui l'a rendu autarcique, et ce qui peut maintenir son autarcie. Il n'a plus à espérer un bien plus grand, puisqu'il est dans le bien constant, qu'est le bonheur.

La *Maxime Capitale* XIX montre que par rapport à la limite du plaisir, temps illimité et temps limité s'équivalent : ainsi, en vue du bonheur, on n'a pas à considérer la durée du plaisir, puisque le plaisir ne se laisse pas penser par rapport au temps, comme l'indique la maxime. Pour qui est dans le plaisir, la perspective d'un plus ou moins long état de plaisir ne change rien à la nature du plaisir. A cet égard, on ne doit pas se tromper sur le sens de la remarque suivante de Diogène Laërce :

« Voici encore contre les Cyrénaïques : selon ces derniers, les douleurs du corps sont pires que celles de l'âme, et de fait

---

1. Cf. *M.C.* XL, *S.V.* 75.

c'est dans leur corps que les coupables subissent le châtiment, mais Épicure dit que ce sont les douleurs de l'âme. Il est certain que la chair n'est agitée que par le présent, tandis que l'âme est agitée par le passé, le présent et le futur. C'est donc en cela que les plus grands plaisirs aussi sont ceux de l'âme »[1].

La dimension temporelle semble être l'élément vérifiant la supériorité du plaisir de l'âme sur le plaisir du corps, grâce à l'argument *a contrario* des douleurs du corps et de l'âme. Mais cela montre seulement que les causes des douleurs et des plaisirs de l'âme sont plus nombreuses : les douleurs éprouvées par l'âme sont liées à des craintes pour l'avenir, ou à des regrets pour le passé ; le plaisir de l'âme doit, lui, dominer cet ensemble de douleurs plus grand ; son avènement est incomparablement plus satisfaisant que celui du corps, puisqu'il domine les aléas de la discontinuité temporelle. Par ailleurs, s'il y a une supériorité de la vieillesse sur la jeunesse, comme le dit la *Sentence Vaticane* 17, ce n'est pas parce que le temps seul permet de dire qu'une vie entière a été bonne, mais bien plutôt parce que l'homme âgé a acquis, sous l'effet de l'expérience (du temps) une autre relation au temps. La maîtrise du temps n'est toutefois pas refusée par principe à l'individu jeune : c'est pourquoi Épicure enjoint de ne pas remettre le moment de philosopher, car il n'est jamais trop tôt ni trop tard (§ 122), ou encore exhorte à vivre dans la joie (*S.V.* 14) ; le jeune, qui pourrait devenir vieux, de la mauvaise vieillesse (*S.V.* 19), doit être « à la fois jeune et vieux » (§ 122).

En usant des souvenirs plaisants contre les douleurs présentes du corps, l'on réactualise le passé, qui est bien ainsi reconduit au présent dans les limites du plaisir, devenu constitutif[2]. L'anticipation temporelle ne fait donc que servir la possibilité du plaisir pur, et non la possibilité d'une longue vie heureuse. Comme le relève Cicéron : « il y aura toujours dans le sage des plaisirs continus et assemblés, puisque l'attente des plaisirs espérés se lie à la mémoire de ceux qu'il a éprouvés »[3].

---

1. X, 137.
2. Cf. *M.C.* XIX.
3. *Tusculanes*, V, 33, 96.

MAXIMES CAPITALES ET SENTENCES VATICANES

Les deux séries de quarante *Maximes Capitales* et quatre-vingt-une *Sentences Vaticanes* conservées par Diogène Laërce d'une part (X, 139-154), et un manuscrit de la Bibliothèque vaticane de l'autre[1], contiennent des énoncés généraux ou plus particuliers, relatifs à l'éthique essentiellement. La citation de l'ensemble des *Maximes Capitales*, à la suite des trois lettres-résumés, indique suffisamment l'importance que ce recueil, composé sans doute par ses proches, devait revêtir pour les Épicuriens. Ils trouvaient là un certain nombre de préceptes essentiels du Maître, du quadruple-remède (I à IV), aux propositions sur le plaisir (VIII, IX, X, XVIII, XIX, XX), sur les vertus (V), sur les désirs, la limite et l'illimité (XV, XXI, XXVI, XXIX, XXX), sur la suppression des craintes et la sécurité (VI, VII, XIII, XIV, XXXIX, XL), sur la justice (XVII, XXXI à XXXVIII), sur l'étude de la nature, les critères et le raisonnement (XI, XVI, XXII à XXV, XXVIII), sur l'amitié (XXVII, XXVIII). Souvent, ces énoncés articulent l'argument éthique avec le raisonnement physique, fournissant ainsi les éléments d'une liaison seulement implicite dans la *Lettre à Ménécée*.

On peut penser que certaines maximes sont des citations extraites de lettres ou de traités, mais un grand nombre apparaissent souvent trop bien frappées pour ne pas avoir été forgées *ad hoc*, en vue de cet extrême raccourci de pensée qu'est la formule. Il serait en tout cas dangereux, et réducteur, de ne voir dans telle maxime que la version déformée, altérée, d'une formule proche se trouvant dans une lettre ou ailleurs. Rien ne nous permet de penser que

---

1. Le manuscrit grec Vaticanus 1950, datant du XIVe siècle, et contenant d'autres œuvres philosophiques, notamment les *Pensées* de Marc-Aurèle. Cet ensemble de sentences, intitulé *Epikourou prosphônèsis*, n'a pourtant été repéré, dans ce manuscrit souvent utilisé, qu'à la fin du XIXe siècle, et publié en 1888.

l'énoncé d'une formule soit en tel endroit plus légitime, car Épicure pouvait faire porter l'accent différemment, par la seule variation d'un mot. La variation est même bénéfique, elle impose au lecteur-philosophe de rester attentif, de se référer aux évidences, au bon usage des critères.

Les *Sentences Vaticanes,* qui sont deux fois plus nombreuses, ont été collectées, semble-t-il, selon le même principe. Plusieurs sentences correspondent d'ailleurs de très près à des *Maximes Capitales*[1]. On estime généralement qu'elles renferment plusieurs citations qui ne seraient pas d'Épicure, mais de proches, comme Hermarque ou Métrodore. C'est dans quelques cas incontestable ; dans d'autres, la supposition repose sur des parallèles partiels établis avec des citations de la tradition indirecte. Or, tel témoignage peut être sujet à caution, en dehors du fait qu'un Métrodore pouvait lui-même citer Épicure (implicitement, car connu de tous les Épicuriens), ou adapter une formule. Pour ces raisons, et faute de véritable infirmation, l'on peut considérer que le recueil, constitué à une date sensiblement postérieure aux *Maximes Capitales*, est très largement constitué de citations d'Épicure lui-même (avec cette fois un assez grand nombre d'extraits). Au sein de ce large ensemble, je me contenterai ici de signaler spécialement la riche série de sentences consacrées à l'amitié (23, 28, 34, 39, 52, 56, 61, 66, 78).

---

1. Ce sont les *S.V.* 1 (= *M.C.* I), 2 (= *M.C.* II), 3 (= *M.C.* IV), 5 (= *M.C.* V), 6 (= *M.C.* XXXV), 8 (= *M.C.* XV), 12 (= *M.C.* XVII), 13 (= *M.C.* XXVII), 20 (= *M.C.* XXIX), 22 (= *M.C.* XIX), 49 (= *M.C.* XII), 50 (= *M.C.* VIII), 72 (= *M.C.* XIII). Plutôt que de décider que le texte de la maxime correspondant à la sentence était le bon, ou bien l'inverse, j'ai, quand cela était possible, c'est-à-dire quand chacun des textes transmis était cohérent, préservé la différence textuelle, même légère, entre l'une et l'autre.

ÉLÉMENTS BIBLIOGRAPHIQUES

Éditions et traductions :

Diogène Laërce

H.S. LONG, *Diogenis Laertii Vitae Philosophorum*, Oxford Classical Texts, I et II, Oxford, 1964.

Épicure

G. ARRIGHETTI, *Epicuro. Opere*, Turin, Einaudi, 1960, 1973².

J. et M. BOLLACK, H. WISMANN, *La lettre d'Épicure*, Paris, Ed. de Minuit, 1971.

J. BOLLACK, *La pensée du plaisir*. Épicure : textes moraux, commentaires, Paris, Ed. de Minuit, 1975.

J. BOLLACK et A. LAKS, *Épicure à Pythoclès. Sur la cosmologie et les phénomènes météorologiques*, Presses Universitaires de Lille, 1978.

M. CONCHE, *Epicure, Lettres et Maximes*, Paris, P.U.F., 1987², rééd. 1990.

M. ISNARDI PARENTE, *Opere di Epicuro*, Turin, 1983².

H. USENER, *Epicurea*, Leipzig, 1887 (réimpr. Stuttgart 1966).

Lexique :

H. Usener, *Glossarium Epicureum* (éd. par M. Gigante et W. Schmid), Rome, Éd. dell'Ateneo e Bizarri, 1977.

Choix de textes :

J. Brun, *Épicure et les Épicuriens,* textes choisis, Paris, P.U.F., 1991[8].

Études :

Collectifs :

Actes du VIIIe Congrès de l'Association Guillaume Budé, (Paris, 5-10 avril 1968), Paris, Les Belles-Lettres, 1969.

Cahiers de philologie 1, Études sur l'épicurisme antique (J. Bollack et A. Laks éd.), Presses Universitaires de Lille, 1976.

Suzètèsis, Studi sull'epicureismo greco e romano offerti a Marcello Gigante, I et II, Naples, G. Macchiaroli Editore, 1983.

J. Annas, « Epicurus on Agency », dans *Passions and Perceptions. Studies in Hellenistic Philosophy of Mind,* (J. Brunschwig et M.C. Nussbaum éd.), Cambridge University Press, 1993, pp. 53-71.

E. Asmis, *Epicurus' Scientific Method,* Cornell University Press, 1984.

C. Bailey, *The Greek Atomists and Epicurus,* Oxford University Press, 1928.

J.F. Balaudé, « Connaissance des dieux et idéal autarcique dans la philosophie épicurienne », dans *Études de philosophie,* Aix-en-Provence, mars 1994, pp. 61-83.

E. Bignone, *L'Aristotele perduto e la formazione filosofica di Epicuro,* I et II, Florence, La Nuova Italia, 1936, 2e éd., 1973.

J. Brunschwig, « L'argument d'Épicure sur l'immutabilité du tout », *Permanence de la philosophie,* Neuchâtel, 1977, pp. 127-150.

J. Brunschwig, « Épicure et le problème du langage privé », *Revue des Sciences Humaines*, t. XLIII, n° 166, avr.-juin 1977, pp. 157-177.

C. Diano, *Epicuri ethica et epistulae,* Florence, 1946, rééd. 1974.

A.-J. Festugière, *Épicure et ses dieux,* Paris, P.U.F., 1946, 1968², rééd. coll. Quadrige n° 64, 1985³.

D.J. Furley, *Two studies in the Greek Atomists*, Princeton, 1967.

M. Gigante, *Scetticismo e Epicureismo,* Naples, Bibliopolis, 1981.

V. Goldschmidt, *La doctrine d'Épicure et le droit*, Paris, Vrin, 1977.

I. Hadot, « Épicure et l'enseignement philosophique hellénistique et romain », dans *Actes du VIIIᵉ Congrès Budé,* pp. 347-354.

K. Kleve, *Gnosis theon*, dans *Symbolae Osloenses* suppl. 19, Oslo, 1963.

A. Laks, « Édition critique et commentée de la "vie d'Épicure" dans Diogène Laërce (X, 1-34) », dans *Cahiers de philologie 1, Études sur l'épicurisme antique*, pp. 1-118.

A. Laks, « Épicure et la doctrine aristotélicienne du continu », dans *La physique d'Aristote et les conditions d'une science de la nature* (F. De Gandt et P. Souffrin éd.), Paris, Vrin, 1991, pp. 181-194.

A.A. Long, « *Aisthesis, prolepsis* and linguistic theory in Epicurus », *B.I.C.S.*, 18 (1971), pp. 114-133.

A.A. Long, « Pleasure and social utility – the virtues of being Epicurean », dans *Aspects de la philosophie hellénistique*, Fondation Hardt (Entretiens sur l'Antiquité classique, t. XXXII), Genève, 1986, pp. 283-324.

A.A. Long – D. Sedley, *The Hellenistic Philosophers,* vol. 1 et 2, ch. 4 à 25, Cambridge University Press, 1987.

P. Mitsis, *Epicurus'Ethical Theory,* Cornell University Press, 1988.

J.M. Rist, *Epicurus. An Introduction,* Cambridge, 1972.

G. Rodis-Lewis, *Épicure et son école*, Paris, Gallimard, 1975.

J. Salem, *Tel un dieu parmi les hommes – L'éthique d'Épicure*, Paris, Vrin, 1989.

J. SALEM, *Commentaire de la lettre d'Épicure à Hérodote,* Cahiers de philosophie ancienne n° 9, Bruxelles, Ousia, 1993.

D. SEDLEY, « Epicurus and his professional rivals », dans *Cahiers de philologie 1, Études sur l'épicurisme antique,* pp. 119-159.

D. SEDLEY, « Epicurean Anti-Reductionism », dans *Matter and Metaphysics,* éd. par J. Barnes et M. Mignucci, Naples, 1988, pp. 297-327.

D. SEDLEY, « Epicurus' Refutation of Determinism », dans *SUZÈTÈSIS*, I, pp. 11-51.

A.J. VOELKE, « Santé de l'âme et bonheur de la raison : la fonction thérapeutique de la philosophie dans l'épicurisme », et « Opinions vides et troubles de l'âme : la médication épicurienne », dans *La philosophie comme thérapie de l'âme. Études de philosophie hellénistique,* Fribourg – Paris, Éditions Universitaires de Fribourg, Cerf, 1993, pp. 37-57 et 59-72.

MODIFICATIONS DU TEXTE GREC

La liste qui suit recense toutes les modifications que j'apporte au texte grec édité (par H.S. Long, l'éditeur de Diogène Laërce[1], pour les trois *Lettres* et les *Maximes Capitales*, par G. Arrighetti, pour les *Sentences Vaticanes*[2]). Le texte des manuscrits, difficile voire obscur, a été, depuis la Renaissance (l'histoire du texte des *S.V.* est plus récente), beaucoup corrigé par les éditeurs. J'ai fait confiance au texte des manuscrits autant que cela me paraissait possible, bien que souvent la correction soit inévitable. Apparaissent donc dans la liste qui suit des leçons manuscrites que je reprends, ou bien d'autres corrections que celles adoptées dans les éditions de référence.

ÉDITION DE RÉFÉRENCE	TEXTE ADOPTÉ

Lettre à Hérodote

	ÉDITION DE RÉFÉRENCE	TEXTE ADOPTÉ
35	γε δοξῶν	δοξῶν
	αὐτός	αὐτοῖς
36	ἐν <δὲ> τῇ	ἐν τῇ
	εἰδέναι	εἶναι
38	ἔτι τε	εἶτα
39	<σώματα καὶ κενόν>	del.
40	περιληπτικῶς	περιληπτῶς
43	αὖ τὸν	αὐτὸν
	εἶξιν	ἶξιν
	κεκλειμέναι	κεκλιμέναι
44	ἀιδίων	αἰτίων
45	<ταῖς περὶ>	del.
	ἐπινοίαις	ἐπινοίας
	καὶ ἀνόμοιοι	καὶ οἱ ἀνόμοιοι
46	ἀντικοψόντων	ἀντικοψάντων
47	ἀντικοπὲν	ἀντικοπῇ ὄν
	τῷ <τῷ> ἀπείρῳ	τῷ ἀπείρῳ
48	τὰς ἐναργείας ἵνα καὶ τὰς συμπαθείας	τὰς ἐνεργείας, ἵνα καὶ τὰς συμπαθείας,
50	ἀποδιδόντων	ἀποδιδόντος
	σῳζόντων	σῳζόντος
51	τοιαῦτα προσβαλλόμενα	ταῦτα πρὸς ἃ βάλλομεν
	<τῇ φανταστικῇ ἐπιβολῇ>	del.
52	ῥεύματός	πνεύματός
54	τὰ [μὴ]	τὰ μὴ
57	καὶ οὗτοι	καὶ οὗτοι· ἐξ ὧν
59	μακρὰν	μακρὸν
60	εἰς μέντοι	ἴσμεν τοι
61	ἡ κάτω	αἱ κάτω

---

1. H.S. Long, *Diogenis Laertii Vitae Philosophorum*, Oxford Classical Texts, II, Oxford, 1964.
2. G. Arrighetti, *Epicuro, Opere*, Turin, Einaudi, 1973[2].

62	<φο>ρηθήσεται		ρηθήσεται
	εἰ <καὶ> μὴ		εἰ μὴ
63	τὸ <τρίτον> μέρος		τὸ μέρος
65	ἀναισθητεῖ ἀλλ' ἃ ἂν καὶ ταύτης		ἀναισθητήσει ἀλλὰ ἂν καὶ ταύτη
	ἕξει		ὀξύνει
66	ἐπερεισμοῖς		πορίμοις
67	λέγομεν		λέγει γὰρ
68	ὡσανεὶ		ὡς ἀεὶ
	αὐτὴν γνωστά		αὐτοῖς γνωστοῖς
70	παρακολουθεῖν·		παρακολουθεῖ ἃ
	καὶ οὔτε		ἔσται οὔτε
75	<μείζους λαμβάνειν ἐπιδόσεις>		<κατὰ μείζους ἐπιδόσεις>
	καὶ		κατ'
76	ἀλλήλοις		ἀλλήλαις
	τοὺς ἀναγκασθέντας		ἀναγκασθέντας
77	ἵνα		ἐὰν
79	κατειδότας		κατιδόντας
	κἂν πλείους αἰτίας εὑρίσκωμεν		καὶ πλείους αἰτίας εὑρίσκομεν
	τοιουτοτρόπων		τοιούτων τρόπων
80	ἦν, οὐ		καὶ οὐ
	συμβαῖνον, τὴν		συμβαῖνον, ἐπὶ τῶν τὴν
	παριδόντων		παραδιδόντων
	<καὶ ἐν ποίοις ὁμοίως ἀταρακτῆσαι>		del.
	[καὶ ἐν ποίοις ὁμοίως ἀταρακτῆσαι]		καὶ ἐν ποίοις ὁμοίως
			ἀταρακτῆσαι
81	δοξάζειν <εἶναι>		δοξάζειν
	εἴ τε καὶ αὐτὴν		εἴ τε κατὰ ταύτην
82	πάθεσι		πᾶσι
83	κατασχεθῆναι		κατασχεθεὶς
	ἐξακριβουμένων		ἐξακριβούμενος

Lettre à Pythoclès

86	σώματα		σῶμα
87	ἤδη ἀλογίας		ἰδιολογίας
	δ' ἐπὶ		δέ τινα
88	περιέχουσα, οὗ λυομένου		περιέχουσα, ἀποτομὴν
	... λήψεται,		... πυκνῷ, καὶ
	ἀποτομὴν ... πυκνῷ καὶ		οὗ λυομένου ... λήψεται, καὶ
	[καὶ λήγουσαν]		λήγουσα
90	<οὐ>		del.
	[καὶ ὅσα γε δὴ σώζει]		καὶ ὅσα γε δὴ σώζει
	[ὁμοίως δὲ γῆ καὶ θάλαττα]		ὁμοίως δὲ γῆ καὶ θάλαττα
93	" " <σφοδρο>τάτη		εἶτα τῇ
	ἐκλειπούσης		καταλιπούσης
94	κένωσίς		κενώσεις
	πλήρωσις		πληρώσεις
	δύναιτ'		δύναιτ'
95	ποτ'		πάντα
96	ταὐτὰ		ταῦτα
98	περαιοῦν		περαιοῦντα
99	ἀπ'		ἐπ'

100	ῥευμάτων	πνευμάτων
101	συνεφλέχθαι	συνειλέχθαι
104	στυλοειδῶς	ἀλλοειδῶς
	εἰς τὸ πλάγιον	εἰς τὸ πλησίον
107	διὰ πόρων	διαφόρων
	θλίψεις	θλίψεως
	ἀεὶ σφοδράς	καὶ σπορᾶς
	ἔαρι	ἀέρι
108	ἂν λαμβάνοι τὸ	ἀναλαμβάνοιτο
	κατ᾽ ἀναφορὰν	κατὰ φορὰν
	τινα ⊂συντελούμενα θεωρεῖται. καὶ	τινα συντελεῖται. ⊂πάχνη δὲ
109	πάχνη δὲ οὐ διαφερόντως⊃ συντελεῖται	συντελεῖται⊃
	κατὰ σύμφυσιν	κατ᾽ ἀέρος φύσιν
110	⊂ἀ⊃τόμων	τομῶν
	[ἀτόμων]	ἀτόμων
	καθίεσθαι τὴν	καθίεσθαι εἰς τὴν
112	τινὰ ἄστρα στρέφεται	τινὰ ⊂τῶν ἄστρων⊃
		ἀναστρέφεται
114	κατὰ παράτριψιν	καὶ παρὰ τρίψιν
115	τούτου	τούτων
116	⊂ἄν⊃	del.
	⊂εἰ⊃	del.
	εἴη	ᾖ, ἢ
	ἐμπέσοι	ἐκπέσῃ

Lettre à Ménécée

124	τε	αἴτιαι
	⊂τοῖς ἀγαθοῖς⊃	del.
	ἄπειρον	ἄπορον
125	παρὸν	παρῶν
126	⊂κακῶν αἱροῦνται. ὁ δὲ σοφὸς οὔτε	⊂ὁ δὲ σοφὸς⊃
	παραιτεῖται τὸ ζῆν⊃	
129	καὶ οὐ	καὶ
132	⊂οὐδὲ φρονίμως καὶ καλῶς καὶ	del.
	δικαίως⊃	
133	ἐγγελῶντος	ἂν γελῶντος
	⊂εἱμαρμένην καὶ μᾶλλον ἃ μὲν κατ᾽	⊂ἀλλ᾽ ἃ μὲν κατ᾽ ἀνάγκην
	ἀνάγκην γίνεσθαι λέγοντος⊃	ὄντα συνορῶντος⊃
134	τὴν ἀνάγκην), τὴν δὲ τύχην	τὴν ἀνάγκην); τὴν δὲ τύχην
	ὑπολαμβάνοντος	ὑπολαμβάνων
	⊂οὐκ⊃ οἴεται	οἴεται
	ἀρχὰς μέντοι	⊂οὐκ⊃ ἀρχὰς μέντοι
	νομίζοντος	νομίζων
135	⊂μὴ⊃	del.

Maximes capitales

IV	συμμένει	συμβαίνει
V	<οὐδὲ φρονίμως καὶ καλῶς καὶ δικαίως>	del.
VI	[ἀρχῆς καὶ βασιλείας]	ἀρχῆς καὶ βασιλείας
X	ἐκπληρουμένοις	εἰσπληρουμένοις
XIX	ὁ ἄπειρος χρόνος	ἄπειρος χρόνος
XXIV	κατὰ τὸ προσμένον καὶ τὸ προσμένον τὴν ἐπιμαρτύρησιν, ὡς τετηρηκὼς κατὰ πᾶσαν	κατὰ τὸ προσμενόμενον καὶ τὸ προσμενόμενον τὴν ἐπιμαρτύρησιν προσμένον ὥστ᾽ ἐξηρηκὼς καὶ πᾶσαν
XXIX	Τῶν ἐπιθυμίων <ἀναγκαῖαι· αἱ δὲ φυσικαὶ καὶ>	Τῶν ἐπιθυμίων <οὐκ ἀναγκαίων> del.
XXXII	ἄλληλα	ἀλλὰ
XXXV	ἐπὶ	ἀπὸ
XXXVII	τὸ ἐν τοῦ δικαίου χώρα εἶναι νόμον	τὴν τοῦ δικαίου χώραν [εἶναι] μόνον
XXXIX	ἐξωρίσατο	ἐξηρίσατο
XL	ἥδιστα τὸ βεβαιότατον	ἥδιστον τὸν βεβαιότατον

Sentences Vaticanes [3]

1	ἀσθενεῖ	ἀσθενείᾳ
3	συνεχῶς	del.
5	<οὐδὲ φρονίμως καὶ καλῶς καὶ δικαίως> ἄνευ τοῦ ἡδέως· ὅτῳ δὲ τοῦτον ἡδέως	·· ὅπου δὲ ἡδέως
8	καὶ ὥρισται ἐκπίπτει	ὥρισται ἐκπίπτει καὶ ἔστι δυσπόριστος
12	ὁ δίκαιος	ὁ δίκαιος βίος
14	κύριος	del.
15	ἂν ἐπιεικεῖς	ἂν ἐπιεικῶς
19	ἀγαθοῦ	ὁ ἀγαθὸς
20	αἱ δὲ φυσικαὶ> καὶ οὐκ ἀναγκαῖαι,	αἱ δὲ φυσικαὶ μὲν οὐκ ἀναγκαῖαι δ
22	χρόνος ἴσην ἔχει τὴν ἡδονὴν καὶ ὁ πεπερασμένος τις	χρόνος καὶ ὁ πεπερασμένος ἴσην ἔχει τὴν ἡδονὴν τις ὀρθῶς

---

3. Lorsque, pour une sentence, G.Arrighetti renvoie à une *Maxime Capitale*, c'est sur le texte de la maxime qu'il édite, que je m'appuie. Pour les *Sentences Vaticanes* 10, 30, 31, 36, 47, 51 toutefois, j'ai pris pour référence J.Bollack, *La pensée du plaisir* (Paris, Ed. de Minuit, 1975), G.Arrighetti les ayant écartées de son édition d'Épicure, en raison de leur attribution à d'autres que ce dernier.

23	αἱρετή	ἀρε·τή
28	χάριν	χάριν, χάριν
29	φυσιολογῶν	φυσιολόγω
33	κἂν \<Διὶ\>	καὶ
42	ἀπολύσεως \<τοῦ κακοῦ\>	ἀπολαύσεως
49	κατειδότα	εἰδότας
50	τὰ τινῶν ἡδονῶν ποιητικὰ	τὰ ποιητικὰ ἐνίων
	ἐπιφέρει τὰς ὀχλήσεις	ὀχλήσεις ἐπιφέρει
51	τῷ	τὸ
62	\<ἐκκαλεῖν\>	del.
	κατέχοντα	κατοχοῦντα
	εὐγνωμονοῦντα	εὐγνωμονοῦντας
67	\<μὴ\>	del.
72	καθεστώτων	del.

Lettres, Maximes, Sentences

D'Épicure, auteur de très nombreux écrits, il ne nous reste, intégralement conservées, que trois Lettres (à Hérodote ; à Pythoclès ; à Ménécée), *les* Maximes Capitales, *et un recueil de sentences, dites* Sentences Vaticanes. *Nous le devons, hormis le dernier recueil, à Diogène Laërce, qui cite ces textes au livre X des* Vies des philosophes.

LETTRE À HÉRODOTE

Épicure à Hérodote, salut.

35 À l'intention de ceux qui ne peuvent pas, Hérodote, étudier précisément et dans le détail mes écrits sur la nature, ni même examiner les plus importants des livres que j'ai composés, pour eux j'ai préparé un résumé de la doctrine complète, destiné à leur faire garder suffisamment en mémoire les opinions les plus générales, afin qu'en chaque occasion, sur les questions capitales, ils puissent se venir en aide à eux-mêmes, pour autant qu'ils s'appliquent à l'observation de la nature. Et même ceux qui ont suffisamment progressé dans la considération de l'ensemble[1] doivent garder dans leur mémoire l'esquisse, présentée selon les principes élémentaires, de la doctrine complète ; en effet, nous avons fortement besoin d'une appréhension pleine, et pas de la même façon d'une appréhension du particulier.

---

1. En évoquant *ta hola*, Épicure ne fait pas l'apologie d'une connaissance systématisante, totalisante, pas plus qu'il n'évalue les individus en fonction de leur connaissance de ses écrits ; ce qui bien plutôt importe est leur maîtrise d'un savoir d'ensemble, général, dont l'efficience est vérifiée par sa capacité à couvrir le plus grand nombre de situations (touchant les « questions capitales »), sinon toutes. On ne trouvera pas dans l'épicurisme de théorie de l'universel, comme chez Aristote : une notion (prolepse) peut prétendre à une généralité en vertu de son mode même de constitution (à partir de la répétition des sensations), et le raisonnement porte sur les notions générales, qu'il articule ; il a donc en vue ici l'ensemble qui donne accès au « général », par opposition au « particulier ». C'est vers le plus général que le philosophe doit aller — c'est donc de lui que le résumé doit partir, comme on va le vérifier dès le § 38.

36 Il faut donc continuellement aller vers cela, il faut produire dans sa mémoire ce à partir de quoi l'on fera porter
l'appréhension capitale sur les réalités, et l'on découvrira
aussi toutes les précisions particulières, dès lors que les
esquisses les plus générales auront été bien embrassées et
remémorées ; car même pour celui qui est parfaitement
formé, la condition majeure de toute connaissance précise
consiste à pouvoir faire usage des appréhensions avec
acuité[1], en les ramenant à des éléments et à des formules
simples. En effet, il n'est pas possible de procéder, dans
toute sa densité, au parcours continu des éléments généraux,
si l'on n'est pas capable, en s'aidant de brèves formules,
d'embrasser en soi-même tout ce qui également a pu être
connu avec précision, en particulier. **37** C'est pourquoi,
étant donné qu'une telle voie est utile à tous ceux qui sont
familiers de l'étude de la nature[2], moi qui, en prescrivant
l'activité continue dans l'étude de la nature, introduis principalement par cela la paix dans la vie, j'ai écrit pour toi un
résumé de ce genre, une présentation selon leur forme élémentaire des opinions de portée générale.

I. Les principes de l'étude de la nature

1. Préceptes méthodologiques

Pour commencer, Hérodote, il faut saisir ce qui est
placé sous les sons, afin qu'en nous y rapportant, nous
soyons en mesure d'introduire des distinctions dans ce qui

---

1. Après la valeur générale du savoir, l'insistance d'Épicure porte avant
tout sur la précision de la connaissance, selon le rapport du plus plein au
particulier ; c'est pourquoi il faut une appréhension perçue par l'esprit
avec acuité (correctement analysée), comme l'on peut dire d'un regard
qu'il est meilleur lorsqu'il est aigu (cf. en ce sens, Platon, *République*,
567 b).
2. Épicure ne parle pas de « physique », mais d'« étude de la nature »
(*phusiologia*) ; par-delà les écoles de Platon et d'Aristote, celui qui a aussi
écrit un ouvrage *Contre les physiciens* semble par cette désignation
vouloir se rattacher à une autre tradition, celle de Démocrite (cf. Introduction, pp. 13-15). De fait, le maître honni, Nausiphane (cf. Introduction,
pp. 16-18), revendiquait aussi pour lui-même la pratique d'une *phusiologia* (cf. B 2 DK).

est matière à opinion, que cela suscite une recherche ou soulève une difficulté, et pour éviter que tout ne reste sans distinction dans des démonstrations que nous mènerions à l'infini, ou bien que nous n'ayons que des sons vides. **38** Car il est nécessaire que pour chaque son, la notion première soit vue et n'ait nullement besoin de démonstration, si nous devons bien posséder l'élément auquel rapporter ce qui suscite une recherche ou soulève une difficulté, et qui est matière à opinion.

En outre, il faut observer toutes choses suivant les sensations, et en général les appréhensions présentes, tant celles de la pensée que celles de n'importe quel critère, et de la même façon les affections existantes, afin que nous soyons en possession de ce par quoi nous rendrons manifeste ce qui attend confirmation ainsi que l'inévident[1].

2. Principes de l'étude de la nature : l'inévident

Une fois que l'on a distinctement saisi cela, on doit dès lors avoir une vision d'ensemble sur les réalités inévidentes.

D'abord, rien ne devient à partir de ce qui n'est pas ; en effet, tout deviendrait à partir de tout, sans nul besoin d'une semence. **39** Et si ce qui disparaît était détruit et allait dans le non-être, toutes choses auraient péri, puisque ce en quoi elles se sont dissoutes ne serait pas.

En outre, le tout a toujours été tel qu'il est maintenant, et tel il sera toujours ; car il n'y a rien vers quoi il aille changer ; car aussi[2], aux côtés du tout, il n'y a rien qui puisse entrer en lui et le changer.

---

1. Traduction pour *adèlon*, de préférence à « invisible », car Épicure emploie aussi *aoraton*. *Adèlon* s'oppose à *enargès*.
2. Le deuxième « car » (*gar*), qui est explicatif, comme le précédent, de la première proposition, introduit cette fois l'hypothèse inverse de celle qui précède ; cf. la démonstration de ce point par J. Brunschwig, dans « L'argument d'Épicure sur l'immutabilité du tout ».

Mais aussi[1], le tout est[2] ; car, que les corps soient, c'est ce qu'atteste en toute occasion la sensation même, qu'il est nécessaire de suivre pour conjecturer, avec l'aide du raisonnement, l'inévident, comme je l'ai dit auparavant[3]. **40** Si ce que nous appelons vide, espace et nature intangible n'était pas, les corps n'auraient pas d'endroit où être ni à travers quoi se mouvoir, comme manifestement ils se meuvent. En dehors de ces natures, on ne peut rien parvenir à penser, par une connaissance qui embrasse[4] ou par analogie avec les choses que la connaissance embrasse, que l'on prenne pour des natures totales et non pour ce que l'on nomme accidents ou caractères concomitants de ces natures[5].

En outre[6], parmi les corps, les uns sont des composés, les autres ce avec quoi les composés sont faits ; **41** ces corps-ci sont insécables et immuables, s'il est vrai que toutes choses ne sont pas destinées à se détruire dans le non-être ; au contraire ils ont la force de subsister dans les dissolutions des composés, étant pleins par leur nature, n'ayant rien par où ni par quoi ils pourraient être dissous. De sorte que les principes sont nécessairement les natures corporelles insécables[7].

Mais aussi, le tout est illimité. Car ce qui est limité a une extrémité ; mais l'extrémité est observée à côté d'autre chose ; de sorte que, n'ayant pas d'extrémité, il[8]

---

1. SCHOLIE : « il dit cela également dans le *Grand Résumé*, au début, et dans le premier livre *Sur la nature* ».

2. « le tout est » n'est que la résultante des deux axiomes précédents concernant l'être et le tout ; que l'être du tout soit constitué par les corps et le vide va être introduit aussitôt après.

3. C'est le contenu du deuxième précepte, exposé au § 38.

4. Cette forme de connaissance embrassante, synthétique : consiste en une perception complète de la chose, et n'est pas limitée à l'appréhension sensible.

5. J'ai introduit « caractère » pour servir de support en français, au substantif neutre que l'adjectif « concomitant » me semblait rendre le mieux. Ainsi se trouve évitée la traditionnelle mais insatisfaisante traduction par « propriétés ».

6. SCHOLIE : « Il dit cela aussi dans le premier livre *Sur la nature*, et dans les livres XIV et XV, ainsi que dans le *Grand Abrégé*. »

7. *atomous ... sômatôn phuseis* : ce sont les atomes.

8. Le tout.

n'a pas de limite ; et n'ayant pas de limite, il sera illimité et non limité.

En outre, illimité est le tout par le nombre des corps ainsi que par la grandeur du vide. **42** Car si le vide était illimité, tandis que les corps étaient en nombre fini, les corps ne demeureraient nulle part, mais ils seraient emportés et dispersés à travers le vide illimité, n'ayant rien pour les soutenir et les renvoyer dans les chocs[1] ; et si le vide était fini, les corps en nombre illimité n'auraient pas de lieu où prendre place.

Outre cela, les corps insécables et pleins, à partir desquels les composés se constituent et dans lesquels ils se dissolvent, présentent des différences de formes que l'esprit ne peut embrasser ; car il n'est pas possible que tant de différences naissent d'un nombre de formes identiques, que l'on embrasserait. Et pour chaque configuration, les atomes semblables sont en nombre absolument illimité, mais du point de vue des différences ils ne sont pas absolument illimités mais seulement ne peuvent pas être embrassés, **43**[2] si l'on ne veut pas, pour les grandeurs aussi, les renvoyer tout simplement dans l'illimité.

Les atomes ont un mouvement continu[3] perpétuel, et certains s'éloignent à une grande distance les uns des autres, tandis que d'autres gardent la vibration proprement dite, lorsqu'ils se trouvent détournés dans un enchevêtrement, ou sont recouverts par des atomes enchevêtrés. **44** En effet, la nature du vide, qui délimite chaque atome en lui-même, conduit à cela, puisqu'elle n'est pas capable de fournir un soutien ; et en même temps, la solidité qu'ils ont produit, dans le choc, la contre-vibration, dans la mesure où l'enchevêtrement permet le retour à la position initiale, à la suite du choc. Et il n'y a pas de commencement à ces mouve-

---

1. C'est là le double mouvement, résistance et renvoi, qui va expliquer la « vibration », dont il sera question au paragraphe suivant.
2. SCHOLIE : « car il dit plus bas que l'on ne peut mener une division illimitée ; il dit cela, étant donné que les qualités changent ».
3. SCHOLIE : « il dit plus bas qu'ils se meuvent à vitesse égale, car le vide offre semblablement un passage direct au plus léger comme au plus lourd ».

ments, puisqu'en sont causes les atomes, et le vide[1]. **45** Une formule de cette force[2], si l'on se souvient de tous les points abordés, livre l'esquisse suffisante d'une réflexion appliquée à la nature de ce qui est.

II. Développement de l'étude de la nature : structure et propriétés des corps

1. Cosmologie

Mais aussi, les mondes sont en nombre illimité, tant ceux semblables à celui-ci, que les autres dissemblables. En effet, comme les atomes sont en nombre illimité, ainsi qu'il a été démontré à l'instant, ils sont emportés au plus loin ; car les atomes, tels qu'on les décrit, dont pourrait naître un monde, ou par lesquels il pourrait être produit, ne sont pas épuisés en un seul monde, ou en un nombre limité de mondes, ni dans tous ceux qui sont tels que celui-ci, ni dans tous ceux qui en sont différents. Si bien que rien ne s'oppose au nombre illimité des mondes.

2. Gnoséologie : sens et perception

46 En outre, il y a des répliques[3] de même forme que les solides, qui, par leur finesse, sont fort éloignées de ce qui apparaît. Il n'est pas impossible en effet que se produisent de tels détachements dans l'enveloppe, ni que se trouvent les dispositions propres à élaborer la concavité et la finesse, ni que des effluves conservent avec précision la position et la situation successives qu'ils avaient sur les solides. Ces répliques, nous les appelons des simulacres.

---

1. SCHOLIE : « Il dit plus bas que les atomes n'ont pas d'autre qualité que la forme, la grandeur et le poids ; quant à la couleur, il dit dans ses *Douze Présentations élémentaires* qu'elle change selon la position des atomes. Et il dit que l'on ne trouve pas toute grandeur en eux ; ce qui est certain, c'est qu'on ne peut avoir une vision sensible de l'atome. »

2. C'est la formule précédente, dont l'extrême densité fait livrer l'essentiel : mouvement, absence de commencement, atomes, vide.

3. C'est le terme de *tupos*, qui est apparu au début de la *Lettre* avec le sens différent, d'« esquisse » (§ 35-36).

En outre, le mouvement à travers le vide, qui se produit sans aucune rencontre de corps qui le heurte, franchit toute grandeur que l'on peut embrasser, en un temps inconcevable. Le heurt et l'absence de heurt sont en effet similaires à la lenteur et à la vitesse.

47 Certes, ce n'est pas non plus en même temps, selon les durées qu'observe la raison, que le corps mû lui-même arrive en plusieurs endroits – car cela est impensable – et ce, alors qu'il arrive en même temps que d'autres dans le temps sensible, d'où qu'il se soit détaché dans l'illimité, non pas même depuis un lieu à partir duquel nous pourrions embrasser son mouvement[1]. En effet, cela sera similaire à un heurt, même si, jusqu'au point que nous avons atteint, nous admettons que la vitesse du mouvement résulte de l'absence de heurt. Il est également utile de retenir cet élément-là.

Ensuite, que les simulacres soient d'une finesse insurpassable, aucun témoignage appuyé sur ce qui apparaît ne l'infirme ; d'où aussi le fait qu'ils aient des vitesses insurpassables, car ils ont tous un passage adapté[2], outre que rien ne provoque de heurt, ou très peu, avec un nombre illimité d'entre eux, tandis que pour un grand nombre et même un nombre illimité d'atomes[3], quelque chose provoque instantanément un heurt.

48 Outre cela, rien n'infirme que la production de simulacres se produit aussi vite que la pensée. De fait, l'écoulement qui part de la surface des corps est continu ; il n'est pas rendu manifeste par la diminution en raison du remplissement compensatoire ; il maintient la position et l'ordre qui étaient ceux des atomes à la surface du solide

---

1. Cf. Présentation, p. 78.
2. Le passage proportionné peut être spécialement celui qui, dans le corps, et plus précisément à la surface du corps, leur permet de s'échapper (cf. Lucrèce, IV, 143-175, et surtout, 157-160), ou plus largement le passage qu'ils trouvent partout en raison de leur taille.
3. L'opposition est entre les simulacres faits d'atomes très fins, et les atomes en général, dont certains, proportionnellement aux premiers, sont très gros. Pour les atomes en général, les différences de forme vont devenir des différences de poids et de vitesse, en se composant.

pendant longtemps, même si parfois il se répand en désordre, et que des assemblages fugaces se forment sur l'enveloppe, parce qu'il n'est pas nécessaire que leur remplissement se fasse en profondeur, et qu'il existe même d'autres modes d'engendrement concernant de telles natures. Rien de tout cela n'est infirmé par les sensations, si l'on considère de quelle manière l'on rapportera les forces agissantes[1] des réalités extérieures à nous, afin de rapporter également les co-affections.

49 Et il faut aussi considérer que nous voyons et discernons par la pensée les formes, lorsque, depuis les réalités extérieures, quelque chose s'introduit en nous ; car la nature propre de leur couleur, de leur forme, les réalités extérieures ne l'imprimeraient pas par le moyen de l'air, intermédiaire entre eux et nous, ni par des rayons lumineux ou des écoulements, quels qu'ils soient, allant de nous à elles, comme c'est le cas lorsque, depuis les réalités, des répliques s'introduisent en nous, de même couleur et de même forme, en fonction de l'adaptation de leur taille à la vue ou à la pensée, avec leurs mouvements rapides ; **50** ensuite, pour cette raison, ce qui est un et continu restitue l'image, et conserve la co-affection à distance du substrat, par la pression proportionnée qui vient de lui, et qui résulte de la vibration profonde des atomes dans le solide. Et l'image, que nous saisissons par une appréhension de la pensée ou par les organes des sens, soit de la forme soit de ses caractères concomitants, est la forme même du solide, qui se constitue selon la succession compacte du simulacre ou selon ce qui en reste[2].

Le faux et l'erreur tiennent dans le fait d'ajouter à chaque fois l'opinion que cela va être confirmé ou non-infirmé, tandis qu'ensuite cela n'est pas confirmé, en raison d'un

----

1. Épicure parle d'*energeia*.
2. « Simulacre » au singulier est entendu comme simulacre global du corps (composé d'un ensemble d'atomes) ; lorsque l'émission de ces simulacres est continue, il y a image, et c'est précisément ce que suggère l'expression « succession compacte ». « ce qui en reste » est aussi une difficulté : puisqu'il s'agit de l'image sensible, il doit être fait allusion à l'image diminuée, mais se rapportant à un solide présent, éventuellement déformée (par la distance, les conditions extérieures).

certain mouvement[1] en nous-mêmes lié à une appréhension imaginative[2], mais qui s'en distingue[3] ; et par ce mouvement se produit le faux.

51 Car la ressemblance des phantasmes saisis comme des reproductions, qu'ils surgissent dans les rêves, ou selon d'autres appréhensions de la pensée, ou des autres critères, ne saurait exister pour ce que l'on dit être et être vrai, s'il n'y avait ces choses que nous appréhendons.

Mais l'erreur n'existerait pas, si nous n'avions également un autre mouvement en nous-mêmes qui, tout en lui étant associé, s'en distingue ; suivant ce mouvement[4], s'il n'y a pas confirmation, ou s'il y a infirmation, survient le faux ; **52** et s'il y a confirmation ou non-infirmation, survient le vrai. Et il faut bien conserver cette opinion, afin que les critères conformes aux évidences ne soient pas détruits, et que l'erreur, affermie de semblable manière, n'introduise le trouble partout.

Mais aussi, l'audition provient d'un souffle qui se transporte depuis ce qui parle, résonne, fait entendre un bruit ou affecte de quelque manière l'ouïe. Et cet écoulement se répand en masses ayant des parties semblables, qui conservent en même temps qu'une co-affection réciproque, une unité propre, s'étendant jusqu'à l'émetteur et produisant la sensation qui s'applique habituellement à ce dernier, et sinon rend seulement évidente sa provenance extérieure.

---

1. En suivant les manuscrits, comme J. et M. Bollack, H. Wismann, (cf. *La Lettre d'Épicure*, p. 50), l'on traduirait : « en raison d'une certaine appréhension immobile » ; mais cette détermination de la nature du faux reste sans parallèle. Le plus difficile est en fait d'admettre qu'Épicure ait pu parler d'une appréhension immobile, au sens d'une appréhension qui ne se produirait pas.

2. C'est de cette expression que les Épicuriens postérieurs ont fait un quatrième critère, selon Diogène Laërce (X, 31).

3. Littéralement : « qui comporte une distinction » (*dialèpsin de ekhousan*). L'usage des substantifs abstraits est fréquent chez Épicure, et l'on peut tirer des § 57-58, l'équivalence des expressions *dialèpton* et *dialèpsin ekhon*. L'idée de ce passage délicat est donc que dans l'opinion qui s'ajoute à la sensation réside l'origine du faux et de l'erreur.

4. SCHOLIE : « lié à l'appréhension imaginative, et qui comporte une distinction ».

53 En effet, sans une certaine co-affection, qui ramène à la source dont elle part, il n'y aurait pas de sensation telle qu'on l'éprouve. Il ne faut donc pas considérer que l'air lui-même est informé par la voix proférée ou par des sons du même genre – il s'en faut de beaucoup qu'il puisse subir cette transformation sous l'action de la voix – mais immédiatement, lorsque nous donnons de la voix, le choc qui survient en nous provoque une expression de masses propre à constituer un écoulement fait de souffles, et cette expression provoque en nous l'affection auditive.

En outre, il faut considérer que l'odorat, comme c'est le cas pour l'ouïe, ne produirait aucune affection, si, depuis la chose, ne se détachaient des corpuscules, adaptés à cet organe sensible, propres à l'ébranler, les uns en le troublant et en le contrariant, les autres sans provoquer de trouble, et de façon appropriée.

3. Les corps simples

54 En outre, il faut considérer que les atomes ne présentent aucune des qualités qui appartiennent à ce qui apparaît, hormis la forme, le poids, la grandeur, et tout ce qui est nécessairement et naturellement lié à la forme. Car toute qualité change ; mais les atomes ne changent nullement, puisqu'il faut que quelque chose de solide et d'indissoluble subsiste dans la dissolution des composés, qui produira des changements non pas vers le non-être ni à partir du non-être, mais grâce à des changements de position dans de nombreux corps, et pour certains grâce à des apports et des retraits. D'où il est nécessaire que ce qui ne connaît pas de changement de position[1] soit incorruptible et n'ait pas la nature de ce qui change, mais qu'il ait des masses et des formes propres ; en effet il est bien nécessaire que cela subsiste. **55** De fait, dans ce qui près de nous change de configuration par l'érosion de la périphérie, on saisit que la forme est inhérente, tandis que les qualités de ce qui change ne sont pas inhérentes, à la manière dont se maintient la première, mais elles périssent en

---

1. Les atomes se composent et se recomposent dans les corps, mais en eux-mêmes ils ne se modifient pas.

quittant le corps tout entier. Ces éléments subsistants suffisent donc pour produire les différences des composés, puisqu'il est évidemment nécessaire que certaines choses subsistent, et ne se détruisent pas en allant dans le non-être.

Pourtant, il ne faut pas considérer que toute grandeur se trouve dans les atomes, pour éviter que ce qui apparaît ne témoigne du contraire ; mais il faut considérer qu'il y a des variations de grandeur. Car, si l'on ajoute cela, on rendra mieux compte de ce qui a lieu suivant les affections et les sensations. **56** Mais penser qu'il y a toute grandeur ne sert à rien pour expliquer les différences de qualité : des atomes devraient parvenir jusqu'à nous, en étant visibles, or on n'observe pas que cela se produise, et l'on ne peut parvenir à penser comment un atome pourrait être visible.

En outre, il ne faut pas considérer que dans le corps fini se trouvent des corpuscules en nombre illimité ni de n'importe quelle taille. De sorte qu'il faut non seulement supprimer la division à l'infini vers le plus petit, afin de ne pas exténuer toutes choses et, quand nous embrassons des corps denses, de ne pas être contraints en comprimant les êtres de les consumer jusqu'au non-être, mais en outre il ne faut pas croire que le parcours, dans les corps finis, ait lieu à l'infini, ni vers le plus petit[1].

57 D'abord, si l'on vient à affirmer que ces corpuscules sont en nombre illimité dans un corps quelconque, ou de n'importe quelle taille, il n'y a pas moyen de penser comment cela est possible : comment ce corps serait-il encore limité en grandeur ? Il est évident en effet que ces corpuscules en nombre illimité ont eux-mêmes une certaine taille ; et la grandeur constituée par ces corpuscules, quelle que soit leur taille, sera aussi illimitée.

D'autre part, ce qui est limité a une extrémité que l'on peut distinguer, même si on ne peut l'observer comme quelque chose qui est en soi, et il n'est pas possible de ne pas penser comme tel ce qui la suit, et ainsi, suivant la suc-

---

1. S'il est vrai que l'existence des atomes exclut la division de la matière à l'infini, on ne doit pas non plus penser que l'on puisse parcourir à l'infini un corps fini, puisqu'il est composé d'un nombre fini de parties ; la suite s'attache à le démontrer.

cession, en allant de l'avant, il n'est pas possible d'arriver par la pensée, en suivant ce qui est tel, au résultat que l'illimité existe.

58 Enfin, il faut bien penser que ce qu'il y a de plus petit dans la sensation n'est pas semblable à ce qui peut être parcouru, et n'en est pas non plus totalement dissemblable, de telle sorte qu'il présente un caractère commun avec ce qui se laisse parcourir, bien qu'on ne distingue pas en lui de parties. Mais quand, en raison de la ressemblance que procure ce caractère commun, nous pensons distinguer quelque chose de lui, à savoir une partie antérieure, et une partie postérieure, nous parvenons nécessairement à l'égalité entre elles. Nous observons ces plus petits éléments les uns à la suite des autres, en commençant par le premier, sans qu'ils soient dans le même lieu, sans que par leurs parties ils touchent les autres parties, mais fournissant les mesures pour les grandeurs en ce qui fait leur caractère propre, un plus grand nombre dans une grandeur plus grande, un plus petit nombre dans une grandeur plus petite.

Il faut considérer que cette analogie vaut pour l'élément le plus petit dans l'atome. **59** En effet, il est évident que celui-ci diffère par la petitesse de ce qui est observé dans la sensation, mais la même analogie vaut ; car précisément, que l'atome est pourvu d'une grandeur, c'est ce que nous avons affirmé, en suivant cette analogie sensible, nous contentant d'agrandir quelque chose qui est petit. En outre, il faut considérer que les éléments les plus petits et sans mélange sont les limites des longueurs, qui fournissent la mesure, à partir d'eux-mêmes pris comme premiers, aux grandeurs plus grandes et plus petites, cela par l'observation rationnelle appliquée aux réalités invisibles. Car la communauté qui existe entre eux et ce qui n'admet pas le passage est suffisante pour parvenir jusqu'à ce point. Mais il n'est pas possible qu'un rassemblement se constitue à partir d'eux, dans l'idée qu'ils disposeraient du mouvement.

60 En outre, il ne faut pas affirmer que dans l'illimité le haut et le bas sont le plus haut ou le plus bas. Nous savons bien que ce qui est au-dessus de notre tête étant susceptible, à partir du point où nous nous tenons, d'aller à l'infini, ne

nous apparaîtra jamais tel, ou encore ce qui est en dessous
(pour ce que l'on pense aller à l'infini à la fois vers le haut
et vers le bas par rapport au même point) ; il est en effet
impossible de penser cela. De sorte qu'il est possible de
prendre comme un mouvement celui que l'on pense dirigé
vers le haut, à l'infini, et comme un autre celui qui est dirigé
vers le bas, même si des milliers de fois ce qui se déplace
à partir de nous vers des lieux au-dessus de notre tête arrive
aux pieds de ceux qui sont au-dessus de nous, ou ce qui à
partir de nous se déplace vers le bas, arrive au-dessus de la
tête de ceux qui sont en dessous. Car le mouvement entier
est néanmoins pensé comme s'opposant par chacun des
deux aspects indéfiniment.

61 En outre, il est nécessaire que les atomes aient une
vitesse égale, lorsqu'ils se portent à travers le vide, sans que
rien ne les heurte ; en effet, les lourds ne seront pas
emportés plus vite que les petits et légers, du moins quand
rien ne va à leur rencontre ; et les petits ne seront pas
emportés plus vite que les grands, car ils ont tous un passage
adapté, du moins lorsqu'à ces derniers rien ne se heurte ; le
mouvement vers le haut et le mouvement oblique résultant
des heurts ne sont pas non plus plus rapides, ni les mouvements vers le bas résultant de leurs poids propres – car pour
autant que l'atome conserve l'un ou l'autre, dans cette
mesure il aura un mouvement aussi rapide que la pensée,
jusqu'à ce qu'il y ait un heurt, par suite d'une action extérieure, ou de son poids propre s'opposant à la puissance de
celui qui l'a frappé.

62 Mais en outre, s'agissant des composés, l'on dira l'un
plus rapide que l'autre, alors que les atomes ont des vitesses
égales, du fait que les atomes dans les agrégats se déplacent
vers un seul lieu et selon le plus petit temps continu, même
s'ils ne se déplacent pas vers un seul lieu dans les temps
qu'observe la raison ; mais ils se heurtent fréquemment,
jusqu'à ce que la continuité du mouvement parvienne
jusqu'aux sens.

Car ce que l'opinion ajoute au sujet de l'invisible, à
savoir que même les temps observés par la raison compor-
teront la continuité du mouvement, n'est pas vrai pour de

tels corps, puisque du moins tout ce qui est observé ou saisi en une appréhension, grâce à la pensée, est vrai[1].

4. L'âme dans le composé

63 A la suite de cela, il faut considérer, en se référant aux sensations et aux affections – car c'est ainsi que l'on obtiendra la certitude la plus ferme – que l'âme est un corps composé de fines parties, répandu à travers tout l'agrégat, ressemblant fort à un souffle mélangé à une certaine proportion de chaleur, tantôt semblable à l'un tantôt à l'autre ; mais il y a la partie qui diffère grandement de ces mêmes éléments par la finesse de ses parties, et qui, pour cette raison, est d'autant plus en co-affection avec le reste de l'agrégat. C'est tout cela que manifestent les facultés de l'âme, aussi bien les affections que l'aisance à se mouvoir, les pensées et tout ce dont la privation nous fait mourir.

En outre, il faut retenir que l'âme est la cause prépondérante de la sensation. **64** Certes, il ne lui reviendrait pas d'être la cause de la sensation, si elle n'était pas en quelque sorte protégée par le reste de l'agrégat ; et comme le reste de l'agrégat a permis à l'âme d'exercer ce rôle de cause, il reçoit lui aussi sa part de cette sorte d'accident qui lui vient de l'âme, non pas toutefois de tout ce que cette dernière possède. C'est pourquoi, si l'âme s'en va, il ne conserve pas la sensation. Car lui ne possède pas en lui-même cette puissance[2], mais il la procure à une autre réalité développée en même temps que lui, et qui, grâce à la puissance constituée autour d'elle, réalisant aussitôt pour elle-même, par le mouvement, l'accident sensible[3], le lui transmet en retour, parce

1. Ce que l'observation ou l'appréhension de la pensée font voir est vrai, car cela est atteint par une bonne analogie. L'opinion qui s'égare (par des analogies simplificatrices) fonctionne à vide.
2. C'est la faculté de sentir. La traduction par « puissance » vise à faire apparaître le jeu des puissances complémentaires : puissance du corps protecteur – puissance de l'âme sensitive.
3. Pour l'âme, les sensations sont des accidents (*sumptômata*, cf. § 70-71), ainsi qu'il le dit ici, mais c'est aussi le cas des affections, ou des pensées, qui ne sont pas là en permanence.

qu'elle lui est contiguë et qu'elle est en co-affection avec lui, ainsi que je l'ai dit[1].

65 C'est pourquoi aussi l'âme, quand elle se trouve dans l'agrégat, même si quelque autre partie a été enlevée, ne sera jamais insensible ; mais si elle meurt avec une partie en tel endroit, lorsque l'agrégat qui la protège est défait soit en totalité soit en partie, à condition qu'elle subsiste, elle ressent de façon aiguë la sensation. En revanche, le reste de l'agrégat, qui subsiste entier ou en partie, ne possède pas la sensation si l'âme l'a quitté, quel que puisse être le nombre des atomes qui tendent à constituer la nature de l'âme. Et en vérité, quand l'agrégat entier se défait, l'âme se répand, elle n'a plus les mêmes puissances ni ne se meut, de sorte qu'elle ne possède plus la sensation. **66** Car il n'est pas possible de penser qu'elle sente si elle ne se trouve pas dans cet ensemble, et qu'elle fasse usage de ces mouvements, quand ce qui la protège et l'enveloppe n'est plus dans l'état qui permet à l'âme, comme maintenant, d'avoir ces mouvements.

Mais voici aussi[2] **67** le point qu'il faut assurément méditer : l'incorporel[3] s'applique à ce qui pourrait être pensé par soi ; or, il n'est pas possible de penser un incorporel par soi autre que le vide ; et le vide ne peut ni agir ni subir, mais offre seulement aux corps le mouvement à travers lui. Si bien que ceux qui affirment que l'âme est incorporelle parlent en l'air. Car elle ne pourrait en rien agir ni subir, si elle était telle qu'ils le disent ; mais en réalité, il est évident que l'un et l'autre[4] sont distinctement perçus comme des accidents de l'âme.

---

1. Cf. § 63.
2. SCHOLIE : « - il dit ailleurs qu'elle est constituée d'atomes très lisses et très ronds, qui diffèrent de beaucoup de ceux du feu ; et qu'il y a la partie irrationnelle de l'âme, qui est répandue dans le reste du corps, tandis que la partie rationnelle se trouve dans le thorax, comme le montrent avec évidence les peurs et les joies ; le sommeil survient lorsque les parties de l'âme qui sont répandues dans la totalité du composé sont retenues en un point, ou alors se dispersent, et arrivent ensuite dans les passages ; le sperme provient des corps tout entiers ».
3. SCHOLIE : « il parle en effet en suivant l'usage le plus fréquent du terme ».
4. C'est-à-dire l'agir et le subir.

68 Si l'on ramène donc tous ces raisonnements sur l'âme aux affections et aux sensations, si l'on se souvient de ce qui a été dit au début[1], on verra avec clarté qu'ils sont suffisamment contenus dans les esquisses pour que l'on puisse, à partir d'eux, préciser le détail avec fermeté.

5. *Caractéristiques des corps composés*

Mais en outre les formes, les couleurs, les grandeurs, les poids, et tout ce que l'on attribue au corps en les prenant comme toujours concomitants soit de tous les corps, soit de ceux qui sont visibles et connaissables en eux-mêmes par la sensation, il ne faut les considérer ni comme des natures qui existent par elles-mêmes – car il n'est pas possible de parvenir à penser cela – **69** ni comme n'existant pas du tout, ni comme des réalités autres, incorporelles, qui s'ajoutent au corps, ni comme des parties du corps, mais, de façon générale, comme le corps tout entier, qui, au moyen de tous ces caractères, possède sa propre nature permanente ; et il n'est pas possible qu'il résulte de leur mélange – comme lorsqu'à partir des corpuscules[2] mêmes l'on constitue un agrégat plus grand, que ce soit à partir des constituants premiers, ou à partir de grandeurs inférieures à cet ensemble donné – mais c'est seulement, comme je le dis, au moyen de tous ces caractères qu'il possède sa propre nature permanente.

Et tous ces caractères relèvent d'appréhensions propres, et comportent des éléments distinctifs, bien que l'ensemble dense leur reste conjoint et n'en soit en aucun cas séparé : ce qu'on lui attribue l'est d'après la notion dense du corps.

70 En outre, il arrive souvent aux corps, et ils ne leur sont pas joints durablement, des accidents[3] qui ne sont pas au nombre des invisibles, sans être non plus des incorporels[4]. De sorte que, si nous nous servons de ce nom suivant l'acception la plus courante, nous rendons manifeste que les

---

1. Cf. § 35-36.
2. Traduit *onkoi*.
3. Ce complément est tiré du verbe *sumpiptei* lui-même.
4. Les caractères accidentels ne peuvent être mis sur le même plan que les invisibles que sont les atomes ou les simulacres, pas plus que sur celui des incorporels, car il n'est d'incorporel que le vide.

accidents n'ont pas la nature du tout, que par le rassemblement, suivant l'ensemble dense, nous appelons corps, pas
plus qu'ils n'ont la nature de ce qui lui est joint durablement, sans quoi il n'est pas possible de penser le corps.
Chacun de ces caractères pourrait être nommé d'après certaines appréhensions, tandis que l'ensemble dense reste
joint, **71** mais au moment même où l'on observe que chacun
d'eux est concomitant[1], puisque les caractères accidentels
ne sont pas joints en permanence au corps.

Et il ne faut pas exclure de l'être cette évidence-là, sous
prétexte qu'ils n'ont pas la nature du tout dont ils sont concomitants – que nous appelons aussi corps –, ni celle des
réalités qui lui sont jointes en permanence, mais il ne faut
pas non plus penser qu'ils sont par eux-mêmes – car cela
n'est pensable ni pour eux ni pour les caractères concomitants permanents – au contraire, c'est ce qui précisément
apparaît, il faut penser que tous les caractères accidentels
sont relatifs aux corps, qu'ils ne lui sont pas joints en permanence et n'ont pas non plus par eux-mêmes le rang d'une
nature, mais, suivant la manière dont la sensation même les
particularise, c'est ainsi qu'on les observe.

72 En outre, il faut méditer avec force le point
suivant : il n'y a certainement pas à mener la recherche
sur le temps comme sur le reste, c'est-à-dire tout ce que
nous cherchons en un substrat, et que nous rapportons
aux prénotions considérées en nous-mêmes, mais nous
devons, par analogie, nous référer à l'évidence même,
suivant laquelle nous parlons d'un temps long ou court,
parce que nous la portons tout en nous, congénitalement.
Et il ne faut pas changer les termes pour d'autres qui
seraient meilleurs, mais il faut se servir à son propos[2] de
ceux qui existent ; et il ne faut pas non plus lui attribuer
quelque autre chose, dans l'idée que son être est identique à cette propriété[3] – c'est bien là ce que font

---

1. Étant accidentels, cette concomitance est provisoire.
2. Même si le temps se pense d'abord en relation à nous-mêmes, nous
ne pouvons le réduire à un sens interne, car ce n'est pas seulement en
nous que se découvre la durée, mais aussi hors de nous, dans les alter-
nances cosmiques, ainsi qu'il l'explique § 73.
3. Cela traduit *idiôma*.

certains –, mais il faut surtout raisonner avec précision sur cette seule chose : à quoi nous lions ce caractère qui lui est propre, et par quoi nous le mesurons. **73** Celui-ci en effet ne requiert pas une démonstration mais un raisonnement précis, du fait que nous le lions aux jours et aux nuits et à leurs parties, tout comme aux affections et aux non-affections, aux mouvements et aux repos, concevant en retour que ceci même, par quoi nous désignons le temps, est un certain accident particulier, qui a rapport à ces choses[1].

6. *Génération, évolution*

En plus de ce qui a été dit auparavant, il faut considérer que les mondes et tout composé limité, présentant une forte ressemblance de forme avec ce que nous voyons[2], sont issus de l'illimité, et tous se sont séparés à partir d'amas particuliers, qu'ils soient plus grands ou plus petits ; et à l'inverse, tous se dissolvent, les uns plus vite, les autres plus lentement, les uns le subissent par l'effet de tels agents, les autres de tels autres. **74** [3] En outre, il ne faut pas considérer que les mondes ont nécessairement une seule configuration, mais ils sont différents[4], car les uns sont sphériques, d'autres ovoïdes, et d'autres ont d'autres formes ; ils n'ont pas cependant toutes les formes possibles.

Il ne faut pas considérer non plus qu'existent des vivants qui se sont séparés de l'illimité. De fait, personne ne saurait démontrer que dans tel monde pourraient ne pas être comprises les semences dont les vivants, les plantes et tous les autres êtres que l'on observe sont formés, et dans tel autre ils

---

1. SCHOLIE : « Il dit aussi cela dans le deuxième livre *Sur la nature*, et dans le *Grand Abrégé*. » La propriété du temps est de dépendre finalement entièrement des diverses réalités mobiles et alternantes au moyen desquelles on l'appréhende.

2. Épicure fait référence aux réalités célestes, et non à l'ensemble des corps visibles : les vivants, comme il le dit ensuite, ne sont précisément pas issus de l'illimité.

3. SCHOLIE : « Il est donc clair, dit-il, que tous les mondes sont périssables, puisque leurs parties changent. Et ailleurs, il dit que la terre est montée sur l'air. »

4. SCHOLIE : « il parle de cela dans le livre XII <*Sur la nature* > ».

ne pourraient l'être. On doit pareillement considérer qu'ils croissent de la même façon que sur terre[1].

75 En outre, il faut comprendre que la nature aussi a reçu des réalités mêmes un enseignement multiple et varié, qu'elle a été contrainte par eux, et que plus tard le raisonnement a introduit des précisions et ajouté des découvertes à ce que la nature transmettait, dans certains cas plus vite, dans certains autres plus lentement, dans certaines périodes et moments, suivant des progrès plus importants, dans d'autres, suivant des progrès moindres[2].

De là, il suit que les noms au début ne sont pas nés par convention, mais les natures mêmes des hommes qui, selon chaque peuplade, éprouvaient des affections particulières et recevaient des impressions particulières, chassaient de façon particulière l'air, comme le disposait chacune des affections et impressions, pour qu'à un moment[3] il se fît une différence selon les lieux qu'occupaient les peuplades. **76** Ensuite, c'est en commun que l'on fit une convention dans chaque peuplade sur les éléments particuliers[4], afin de rendre les désignations moins ambiguës les unes par rapport aux autres, et plus concises ; et les réalités qui n'étaient pas visibles avec les autres, ceux qui les concevaient les introduisaient en faisant

---

1. Ayant indiqué qu'un vivant suppose un monde, il s'agit maintenant pour Épicure de livrer la règle générale touchant la formation des vivants, ce qui justifie le *gar*.

2. Si l'on distingue la nature même, son devenir, qui est source d'innovation, et le stade du raisonnement, qui introduit d'autres nouveautés, l'on voit comment s'enchâssent une temporalité cosmique, et une temporalité des cités, humaine. Le terme médiant, ce sont donc les réalités (*pragmata* ; ailleurs, il parle de « natures »), issues de la nature-principe : le raisonnement provient de ces réalités devenues que sont les hommes. Ce que le raisonnement découvre vient, par son propre mouvement, prolonger une évolution naturelle ; l'évocation de la genèse du langage va fournir une illustration immédiate de cette idée.

3. L'évolution se trouve rétrospectivement finalisée : les désignations individuelles présentent des similitudes au sein d'une même aire géographique, et ainsi l'émergence du langage individuel a tendu vers l'émergence d'un langage commun à un peuple. Il ne manquera plus que la convention, qui parachèvera cette évolution. Il ne faut pourtant voir là aucune téléologie : le hasard ayant rendu imprévisible la progression, à un moment indéterminé, les différences ethniques sont apparues.

4. La convention perfectionne le langage : pour être efficace, le langage doit être en lui-même le mieux articulé possible, le moins amphibolique, pour permettre de désigner précisément et en particulier.

circuler des sons, qu'ils étaient poussés à proférer, tandis que les autres, qui les adoptaient au moyen du raisonnement, en suivant la cause prédominante, parvenaient ainsi à les interpréter.

III. Fonction et finalité de l'étude de la nature

1. Contre la théologie astrale

En outre, dans le domaine des réalités célestes, il faut considérer que le mouvement, le solstice, l'éclipse, le lever, le coucher, et les choses du même ordre se produisent sans que quelqu'un en ait la charge, qui les mette en ordre ou doive les mettre en ordre, et conserve en même temps son entière félicité jointe à l'incorruptibilité **77** – en effet, les occupations, les soucis, les colères et les bienfaits ne s'accordent pas avec la félicité, mais ceux-là surviennent dans la faiblesse, la peur et le besoin de proches –, et inversement sans que des êtres qui, en même temps qu'ils seraient du feu compact, disposeraient de la félicité, produisent ces mouvements-là, par leur volonté ; mais il faut préserver dans sa totalité la majesté, en suivant tous les noms qui se rapportent à de telles notions, et à condition qu'il n'en résulte pas d'opinions opposées à la majesté ; sinon, l'opposition même produira le plus grand trouble dans les âmes. Cela étant dit, on doit considérer que c'est parce qu'il s'est produit des interceptions résultant, à l'origine, de ces amas, lors de la naissance du monde, que se produisent cette nécessité et ce mouvement circulaire.

2. Étude des réalités célestes et explication multiple

78 En outre, il faut considérer que la tâche de l'étude de la nature est de préciser exactement la cause afférente aux questions capitales, et que la félicité dans la connaissance des réalités célestes se réalise à ce moment-là, lorsque l'on sait quelles sont les natures que l'on observe dans ces réalités célestes, et tout ce qui leur est apparenté, pour parvenir à la précision qui conduit à cette fin.

De plus, sur de telles questions, il faut considérer qu'il n'y a pas de mode explicatif multiple, pas plus que la possibilité que cela soit autrement que cela n'est, et qu'il n'y a simplement rien dans la nature incorruptible et bienheureuse qui suggère la division ou le trouble[1] ; et il est possible par la réflexion de saisir que cela est seulement ainsi.

79 Et il faut penser que ce que produit l'enquête portant sur le coucher, le lever, le solstice, l'éclipse, et toutes choses apparentées, ne contribue plus à la félicité que donne la connaissance : au contraire ceux qui ont examiné tout cela, tout en ignorant quelles sont les natures et quelles sont les causes capitales[2], ressentent des peurs semblables à celles qu'ils éprouveraient s'ils n'avaient pas ce savoir en plus ; peut-être sont-elles même plus nombreuses, toutes les fois que l'effroi résultant des remarques accumulées sur ces réalités célestes empêche d'obtenir la solution, ainsi que la maîtrise des questions capitales.

C'est pourquoi nous découvrons un plus grand nombre de causes[3] aux solstices, couchers, levers, éclipses et modes du même ordre[4], tout comme pour les faits particuliers. **80** Et il ne faut pas considérer que notre manière d'en user avec ces choses n'apporte pas en retour une précision suffisamment grande pour atteindre un état sans trouble, de félicité. De sorte qu'il faut, en observant par

---

1. En rappelant qu'il s'agit avant tout, à travers l'étude de la nature, de ramener tout ce qui est, y compris les réalités célestes, aux natures que sont les atomes et le vide, Épicure montre qu'il n'y a pas lieu à cet égard d'introduire un désordre ou un arbitraire physique, qui s'appuierait en outre sur une conception mythique du divin agissant (cf. § 80).
2. À l'attention portée principalement aux questions capitales, correspond la connaissance des causes dont il a déjà été question, les atomes et le vide, qui méritent d'être elles-mêmes appelées capitales.
3. Un plus grand nombre que les astronomes, qui élisent arbitrairement tel type de cause, mais en retour doivent à cet arbitraire une crainte accrue.
4. Le mode, avant d'être le mode explicatif, est le mode selon lequel une chose arrive : unique (ce qui est d'une seule façon), multiple (ce qui peut être de plusieurs façons).

comparaison de combien de façons le semblable se produit auprès de nous, raisonner sur les causes touchant les réalités célestes et l'inévident en totalité[1], méprisant ceux qui ne reconnaissent pas ce qui est ou devient d'une seule façon, ni ce qui a plusieurs façons d'arriver[2], pour les réalités qui transmettent leur image à grande distance, et qui de plus ignorent même dans quelles situations il n'est pas possible d'être sans trouble[3]. Si donc nous pensons tout à la fois qu'il est possible à une chose de se produire de telle façon, et quels sont les cas où il est possible semblablement de parvenir à l'absence de trouble, lorsque nous découvrirons que cela arrive de multiples façons, nous serons sans trouble, comme si nous savions que cela arrive de telle façon[4].

3. *Du trouble à l'ataraxie*

81 En plus de toutes ces considérations d'ensemble, il faut bien penser que le trouble capital pour les âmes des hommes tient à ce qu'ils forgent l'opinion que ces réalités sont bienheureuses et incorruptibles et ont aussi en même temps des volontés, des actions, des causes, qui sont contraires à ces caractères, et il tient également à ce qu'ils s'attendent toujours – ou le redoutent – à quelque chose d'éternellement terrible, en raison des mythes ou encore de l'insensibilité qu'il y a dans l'état de mort, qu'ils craignent comme si elle pouvait les atteindre, et il tient aussi au fait que ces affections sont moins dues à des opinions qu'à une disposition d'esprit irrationnelle : il s'ensuit qu'en ne définissant pas ce qui est à craindre ils [les hommes] ressentent un trouble égal à celui qu'ils auraient

---

1. Il s'agit de procéder à des inférences analogiques.
2. Littéralement : « d'être concomitant ».
3. Lorsqu'on mêle les dieux aux processus physiques.
4. La formule d'Épicure, contournée, dit la chose suivante : sachant que x peut être produit par A, et que, lorsqu'une réalité a plusieurs causes possibles, on doit toutes les retenir pour ne pas subir le trouble ; alors, si je découvre comme autres causes possibles de x, B et C, j'aurai la même sérénité que si je savais que x est seulement produit par A.

s'ils en formaient des opinions, ou même plus intense[1].
82 Mais l'ataraxie consiste à être affranchi de tous ces
troubles et à garder continuellement en mémoire les éléments généraux et capitaux.

De là suit qu'il faut s'attacher à tout ce qui est présent,
et aux sensations – aux sensations de ce qui est commun
selon ce qui est commun, aux sensations de ce qui est particulier selon ce qui est particulier – et à toute évidence
présente, selon chacun des critères ; si nous nous appliquons
à cela, nous découvrirons de façon correcte la cause d'où
provenaient le trouble et la peur, et nous nous affranchi-
rons[2], en raisonnant sur les causes des réalités célestes et de
tout le reste qui en permanence advient, de toutes ces choses
qui effraient les autres hommes au dernier degré.

Voilà, Hérodote, les points récapitulatifs les plus importants sur la nature de toutes choses, que j'ai résumés à ton
intention. **83** De sorte que ce discours saisi avec précision
permettra, je pense, à quiconque, même s'il n'en vient pas
à toutes les précisions particulières, d'acquérir une vigueur
incomparable par rapport aux autres hommes. Et par lui-
même il clarifiera beaucoup de questions particulières, car
la précision que j'y ai introduite suit la doctrine complète[3],
et ces éléments mêmes, conservés en mémoire, lui vien-
dront en aide continuellement. En effet, ces éléments sont
tels que ceux qui ont déjà mené, avec une précision suffi-

---

1. Trois éléments concourent à produire le trouble le plus grave :
Épicure part du motif intellectuel, la représentation erronée du divin ; il
poursuit par le motif-pivot, que présuppose le précédent, mêlant représentation et affectivité : la réduction égocentrique, qui fait des dieux et
de la mort une menace *pour soi* ; il dévoile enfin, comme terme de l'analyse morale, le fond de ce trouble : une disposition irrationnelle qui,
n'étant pas analysée comme telle par ceux qui l'éprouvent, les empêche
même de former des représentations et des opinions, qui assigneraient une
origine, fausse sans doute mais finalement rassurante, à cette angoisse.
Néanmoins, c'est bien là le fond de tout le trouble, et la peur des dieux
ou de la mort, qui vient s'ajouter, ne fait que renvoyer à cette terreur
fondamentale.
2. La cause des peurs est d'abord les réalités célestes qu'il faut dégager
de ces troubles, et voir telles qu'elles sont.
3. La précision tient d'abord à la maîtrise du plus général, tel qu'il a
été présenté (cf. § 78). La connaissance de détail s'ensuit.

sante ou complète, des études particulières, peuvent, en
ramenant à des appréhensions de ce genre, faire porter la
plupart de leurs parcours sur la nature dans son ensemble ;
et tous ceux qui ne font pas totalement partie du groupe
même des confirmés, grâce à ces éléments et sur un mode
non verbal, effectuent à la vitesse de la pensée un parcours
des éléments capitaux, pour gagner la paix.

LETTRE À PYTHOCLÈS

Épicure à Pythoclès, salut.

84 Cléon m'a apporté ta lettre, dans laquelle tu te montrais à mon égard plein de sentiments d'amitié, dignes du soin que je prends de toi ; tu as essayé de façon convaincante de te remémorer les arguments qui tendent à la vie bienheureuse, et tu m'as demandé pour toi-même de t'envoyer une argumentation résumée et bien délimitée touchant les réalités célestes, afin de te la remémorer facilement ; en effet, ce que j'ai écrit ailleurs est malaisé à se remémorer, bien que, me dis-tu, tu l'aies continuellement en mains. En ce qui me concerne, j'ai reçu avec plaisir ta demande, et j'ai été rempli de plaisants espoirs. **85** Aussi, après avoir écrit tout le reste, je rassemble tels que tu les as souhaités, ces arguments qui seront utiles à beaucoup d'autres, et tout spécialement à ceux qui ont depuis peu goûté à l'authentique étude de la nature, ainsi qu'à ceux qui sont pris dans des occupations plus accaparantes que l'une des occupations ordinaires. Saisis-les distinctement et, les gardant en mémoire, parcours-les avec acuité ainsi que tous les autres que, dans le petit abrégé, j'ai envoyés à Hérodote.

I. La méthode

Tout d'abord, il ne faut pas penser que la connaissance des réalités célestes, qu'on les examine en relation à autre chose, ou pour elles-mêmes, ait une autre fin que l'ataraxie

et la certitude ferme[1], ainsi qu'il en est pour tout le reste.
86 Il ne faut pas non plus faire violence à l'impossible, ni
tout observer de la même façon que dans les raisonnements
qui portent sur les modes de vie, ni dans ceux qui nous
donnent une solution aux autres problèmes physiques,
comme le fait que le tout est corps et nature intangible, ou
que les éléments sont insécables, et toutes les propositions
de ce genre qui sont seules à s'accorder avec ce qui apparaît ;
cela n'est pas le cas pour les réalités célestes : au contraire
se présente une multiplicité de causes pour leur production,
et d'assertions relatives à leur être[2] même, en accord avec
les sensations. Car il ne faut pas pratiquer l'étude de la
nature en s'appuyant sur des principes vides et des décrets
de loi, mais comme le réclame ce qui apparaît. **87** En effet,
notre mode de vie ne requiert pas une recherche qui nous
serait propre, et une opinion vide, bien plutôt une vie sans
trouble[3]. Tout devient inébranlable pour tout ce que l'on
résout entièrement selon le mode multiple en accord avec
ce qui apparaît, lorsqu'on conserve, comme il convient, ce
qu'à propos de ces réalités on énonce avec vraisemblance ;
mais lorsqu'on admet une explication et qu'on rejette telle
autre, qui se trouve être en un semblable accord avec ce qui
apparaît, il est clair que l'on sort du domaine de l'étude de
la nature, pour se précipiter dans le mythe.

Certaines des choses qui apparaissent près de nous fournissent des signes de ce qui s'accomplit dans les régions
célestes, car on les observe comme elles sont, à la différence
de celles qui apparaissent dans les régions célestes ; il est
en effet possible que ces dernières arrivent de multiples
façons[4]. **88** Il faut toutefois conserver l'image de chacune

---

1. Une formule similaire apparaît dans la *L. à Hér.*, § 63.
2. « être » traduit le terme *ousia*.
3. Épicure met en relation le mode de vie (*bios*), qui résulte d'un choix,
d'options éthiques, et la vie physique (*zèn*), par laquelle on sent et on est
affecté.
4. Ce qui apparaît dans le ciel résulte de processus que l'on ne peut
observer directement. C'est pourquoi le détour par ce qui près de nous
apparaît, est requis, car pour ces réalités-là, il est possible d'observer ce
qui les produit ou ce qu'elles produisent. Entre ce qui apparaît ici et ce
qui apparaît là-haut, nous pouvons donc établir un rapport d'analogie. On
ne réduira donc pas le multiple, mais on s'efforcera de dire ce qui
compose ce multiple.

des réalités célestes, et en rendre compte par ce qui lui est rattaché, ce dont la réalisation multiple n'est pas infirmée par les choses qui arrivent près de nous.

II. Cosmologie générale

1. Les mondes

Un monde est une enveloppe du ciel, qui enveloppe astres, terre et tout ce qui apparaît, qui s'est scindée de l'illimité, et qui se termine par une limite ou rare ou dense, dont la dissipation bouleversera tout ce qu'elle contient ; et elle se termine sur une limite soit en rotation soit en repos, avec un contour rond, triangulaire ou quel qu'il soit ; car tous sont possibles : rien de ce qui apparaît ne s'y oppose dans ce monde-ci, où il n'y a pas moyen de saisir ce qui le termine. **89** Mais il y a moyen de saisir qu'à la fois de tels mondes sont en nombre illimité, et qu'aussi un tel monde peut survenir tant dans un monde que dans un inter-monde, comme nous appelons l'intervalle entre des mondes, dans un lieu comportant beaucoup de vide, mais pas dans un vaste lieu, pur et vide, comme le disent certains[1], et ce, dans la mesure où des semences appropriées s'écoulent d'un seul monde, ou inter-monde, ou bien de plusieurs, produisant peu à peu des adjonctions, des articulations et des déplacements vers un autre lieu, selon les hasards, et des arrosements provenant de réserves appropriées, jusqu'à parvenir à un état d'achèvement et de permanence, pour autant que les fondations posées permettent de les recevoir. **90** Car il ne suffit pas que se produise un agrégat, ou un tourbillon dans le vide où il est possible qu'un monde surgisse, d'après ce que l'on croit être par nécessité, et qu'il s'accroisse jusqu'à ce qu'il heurte à un autre monde, ainsi que l'un des réputés physiciens le dit[2] ; car cela est en conflit avec ce qui apparaît.

---

1. L'hypothèse est celle de l'atomisme ancien, de Leucippe et Démocrite ; cf. D.L., IX, 31.

2. L'on pense à Leucippe et Démocrite, mais pour Épicure, il ne peut s'agir que de Démocrite, puisque Leucippe n'aurait pas existé (D.L., X, 13). Cf. pour le point de doctrine, Hippolyte de Rome, I, 13, 3 sur Démocrite (68 A 40 DK).

2. *Les corps célestes*

Le soleil, la lune et les autres astres, qui se formaient par eux-mêmes, étaient ensuite enveloppés par le monde, ainsi évidemment que tout ce qu'il préserve[1], mais dès le début ils se façonnaient et s'accroissaient (de la même façon que la terre et la mer) grâce à des accrétions et des tournoiements de fines particules, qu'elles soient de nature ventée ou ignée, ou bien les deux ; la sensation nous indique en effet que cela se fait ainsi.

91 La grandeur du soleil et des autres astres, considérée par rapport à nous, est telle qu'elle apparaît[2], car il n'y a pas d'autre distance qui puisse mieux correspondre à cette grandeur. Si on le considère en lui-même, sa grandeur est ou plus grande que ce que l'on voit, ou un peu plus petite, ou identique (pas en même temps)[3]. C'est ainsi également que les feux, qu'auprès de nous l'on observe à distance, sont observés selon la sensation. Et on résoudra aisément tout ce qui fait obstacle dans cette partie, si l'on s'applique aux évidences, ce que nous montrons dans les livres *Sur la nature*.

III.   Mouvements et variations célestes

1. *Mouvement nycthéméral*

92 Levers et couchers du soleil, de la lune et des autres astres peuvent résulter respectivement d'une inflammation

---

1. Le sujet est « le monde ». Les astres se forment indépendamment de l'achèvement de l'enceinte céleste, ainsi qu'un passage de Lucrèce le confirme (IV, 453 s.) ; cf. J. Bollack et A. Laks, *Épicure à Pythoclès*, p. 142s.

2. SCHOLIE : « ceci est traité aussi dans le livre XI *Sur la nature* : "car, dit-il, si la grandeur avait diminué en raison de la distance, ce serait bien plus le cas encore de la luminosité" ».

3. Cette dernière remarque vise à rappeler que dans le troisième cas envisagé, celui où le soleil a une taille identique à son image, l'image du soleil n'est toutefois pas le soleil lui-même, et que cette lumière a dû se propager. Pour résumer, le fait remarquable qu'Épicure envisage à titre d'hypothèse possible, c'est qu'en raison de l'intensité extrême de la lumière, la propagation de l'image solaire se soit faite sans aucune déperdition.

et d'une extinction, si l'environnement est tel – et ce en chacun des deux lieux correspondants – que ce qui vient d'être dit s'accomplisse ; car rien de ce qui apparaît ne l'infirme ; et c'est encore par une émergence au-dessus de la terre, puis au contraire par une interposition, que levers et couchers pourraient se produire ; car rien de ce qui apparaît ne l'infirme.

Pour leurs mouvements, il n'est pas impossible qu'ils résultent soit d'une rotation du ciel tout entier, soit du fait que, si celui-ci est en repos, eux connaissent une rotation engendrée à l'orient suivant la nécessité à l'œuvre, à l'origine, lors de la naissance du monde[1], **93** ensuite, prenant en compte la chaleur, du fait d'une certaine propagation du feu qui progresse toujours vers des lieux contigus.

2. *Rétrogradations*

Les rétrogradations du soleil et de la lune peuvent survenir en raison de l'obliquité du ciel qui se trouve par moments contraint à obliquer ; également, parce que de l'air les repousse, ou bien aussi parce que la matière dont ils ont constamment besoin, et qui s'enflamme progressivement, les a abandonnés ; ou il se peut aussi que dès le début un tourbillon ait enveloppé ces astres, un tourbillon tel que leur mouvement soit comme celui d'une spirale. Car toutes ces raisons et celles qui leur sont apparentées ne sont en désaccord avec aucune des évidences si, pour de tels aspects particuliers, s'attachant au possible, l'on peut ramener chacune d'elles à un accord avec ce qui apparaît, sans redouter les artifices des astronomes, qui rendent esclave.

3. *Questions lunaires*

94 Les évidements et les remplissements de la lune pourraient se produire aussi bien en raison du tour qu'effectue ce corps qu'en raison également des configurations de l'air, mais encore en raison d'interpositions, et de tous les modes par lesquels ce qui apparaît auprès de nous, nous appelle à

---

1. La liaison de la nécessité et de l'origine du monde s'observe aussi dans la *L. à Hér.*, § 77.

rendre compte de cet aspect-là, à condition que l'on ne se satisfasse pas du mode unique et que l'on ne repousse pas de façon vaine les autres modes, n'ayant pas observé ce qu'il était possible et ce qu'il était impossible à un homme d'observer, et désireux en conséquence d'observer l'impossible.

En outre, il se peut que la lune soit lumineuse par elle-même, possible aussi qu'elle le soit grâce au soleil. **95** De fait, autour de nous, l'on voit beaucoup de choses qui sont lumineuses par elles-mêmes, et beaucoup qui le sont grâce à d'autres. Et rien de ce qui apparaît dans le ciel ne fait obstacle à cela, si l'on garde toujours en mémoire le mode multiple et si l'on considère ensemble les hypothèses[1] et les causes qui sont conformes à ce qui apparaît, si l'on ne considère pas ce qui ne lui est pas conforme, que l'on grossit en vain, et si l'on n'incline pas d'une manière ou d'une autre vers le mode unique.

L'apparent visage en elle peut résulter aussi bien de la différence de ses parties successives que d'une interposition, ainsi que de tous les modes dont, en tous points, l'on observerait l'accord avec ce qui apparaît ; **96** pour toutes les réalités célestes en effet, il ne faut pas renoncer à suivre une telle piste ; car si l'on entre en conflit avec les évidences, jamais il ne sera possible d'avoir part à l'ataraxie authentique.

4. L'exceptionnel et le régulier

Une éclipse de soleil et de lune peut résulter aussi bien d'une extinction – comme auprès de nous l'on voit cela arriver – qu'également d'une interposition d'autres corps, soit la terre, soit le ciel, ou un autre du même type ; et c'est de cette façon qu'il faut considérer ensemble les modes apparentés les uns aux autres, et voir que le concours simultané de certains modes n'est pas impensable[2].

---

1. C'est la seule occurrence du terme d'« hypothèse » dans les *Lettres*.
2. SCHOLIE : « Dans le livre XII *Sur la nature*, il dit cela et en plus, que le soleil s'éclipse quand la lune l'obscurcit, tandis que la lune c'est en raison de l'ombre de la terre, et aussi à cause d'un retrait. C'est aussi ce que dit Diogène l'Épicurien dans le livre un de ses *Passages choisis*. »
Épicure évoque ici la possibilité d'une composition des modes étiologiques ; cf. Présentation, pp. 109-110.

97 En outre, comprenons l'ordre régulier de la révolution à la façon dont certaines choses se produisent également près de nous, et que la nature divine ne soit en aucun cas poussée dans cette direction, mais qu'on la conserve dépourvue de charge et dans une entière félicité ; car si l'on ne procède pas ainsi, toute l'étude des causes touchant les réalités célestes sera vaine, comme cela est déjà arrivé à certains qui ne se sont pas attachés au mode possible, mais sont tombés dans la vanité pour avoir cru que cela arrivait seulement selon un seul mode, et avoir rejeté tous les autres qui étaient compatibles avec le possible, emportés vers l'impensable et incapables d'observer ensemble tout ce qui apparaît, qu'il faut recueillir comme des signes.

98 Les longueurs changeantes des nuits et des jours peuvent venir soit des mouvements rapides et inversement, lents, du soleil au-dessus de la terre, parce qu'il change les longueurs des espaces parcourus, soit parce qu'il parcourt certains espaces plus vite ou plus lentement, comme on observe aussi des cas près de nous, avec lesquels il faut s'accorder lorsqu'on parle des réalités célestes. Mais ceux qui se saisissent de l'unité entrent en conflit avec ce qui apparaît et échouent à se demander si la[1] considérer est possible à l'homme.

IV. Météorologie

1. Prévisions

Les signes précurseurs[2] peuvent apparaître soit à la faveur de concours de circonstances, comme dans le cas des animaux qui en manifestent près de nous, soit en raison d'altérations de l'air et des changements ; car ces deux explications ne sont pas en conflit avec ce qui apparaît ;

---

1. C'est-à-dire l'unité.
2. Les signes annonçant les changements de temps ou de saison. Ce sont, semble-t-il, des signes atmosphériques, tandis qu'à la fin, au § 115, il évoquera plutôt la question des signes astronomiques, avec les animaux du zodiaque. Ces deux passages sont fort obscurs ; nous entrons en tout cas ici dans la section proprement météorologique.

99 mais dans quels cas elles se produisent pour telle ou telle cause, il n'est pas facile de le voir également.

2. Nuages

Les nuages peuvent se constituer et s'assembler soit par le foulage de l'air dû à la compression des vents, soit par des enchevêtrements d'atomes concaténés et propres à produire ce résultat, soit en raison de la réunion de courants issus de la terre et des eaux ; mais il n'est pas impossible que les assemblages de tels éléments se réalisent selon bien d'autres modes. Par suite, les eaux peuvent se former en eux pour autant que les nuages se pressent, et changent, **100** et aussi parce que des vents, s'exhalant des lieux appropriés, se déplacent dans l'air, l'averse plus violente se produisant à partir de certains agrégats convenant pour de telles précipitations.

3. Tonnerre, éclair, foudre

Il est possible que les coups de tonnerre se produisent en raison du roulement du vent dans les cavités des nuages, comme c'est le cas dans nos viscères, également par le grondement du feu qu'un vent, dans les nuages, alimente, aussi en raison des déchirures et des écartements des nuages, et aussi en raison des frottements et des ruptures des nuages s'ils se sont congelés comme de la glace ; ce qui apparaît nous appelle à reconnaître qu'au même titre que l'ensemble, cette réalité particulière se produit selon plusieurs modes.

101 Et les éclairs, de même, se produisent selon plusieurs modes ; en effet, c'est par le frottement et le choc des nuages que la configuration du feu propre à produire cet effet, lorsqu'elle s'en échappe, produit l'éclair ; également par l'attisement, sous l'action des vents, de corps de ce genre arrachés aux nuages, qui disposent l'éclat que l'on voit ; également par pressurage, si les nuages sont comprimés, soit les uns par les autres, soit par les vents ; également par l'enveloppement de la lumière qui s'est répandue depuis les astres, car ensuite elle est contractée par le mouvement des nuages et des vents, et elle s'échappe à travers les nuages ; ou bien par le filtrage, dû aux nuages, de la lumière la plus fine[1], et par le mouvement de cette lumière ; ou encore par l'embrasement du vent, qui se produit en raison de la forte tension du mouvement et d'un violent enroulement ; **102** aussi par les déchirures des nuages sous l'effet des vents et l'expulsion des atomes producteurs de feu, qui produisent l'image de l'éclair. Et il sera facile de voir distinctement cela en suivant bien d'autres modes, si l'on s'en tient toujours à ce qui apparaît, et si l'on est capable de considérer ensemble ce qui est semblable.

L'éclair précède le tonnerre dans une disposition nuageuse de ce genre, soit parce qu'en même temps que le vent tombe sur les nuages, la configuration produisant l'éclair est expulsée, et ensuite le vent qui est roulé produit ce grondement ; soit, en raison de la chute de l'un et l'autre en même temps, l'éclair vient jusqu'à nous grâce à une vitesse plus soutenue, **103** et le tonnerre arrive avec du retard, comme c'est le cas pour certaines choses vues de loin, qui produisent des coups.

Il est possible que les foudres se produisent en raison de réunions de vents en plus grand nombre, d'un puissant enroulement et d'un embrasement, et d'une déchirure d'une partie suivie d'une expulsion de celle-ci plus puissante encore, en direction des lieux inférieurs – la déchirure survient parce que les lieux attenants sont plus denses, en raison du foulage des nuages ; aussi en raison du feu comprimé qui est expulsé, comme il est possible aussi que le tonnerre se produise, lorsqu'il est devenu plus important, que le vent l'a puissamment alimenté et qu'il a rompu le nuage, du fait qu'il ne peut se retirer dans les lieux attenants, à cause du foulage (le plus souvent contre une montagne élevée, sur laquelle les foudres tombent avant tout), qui se fait toujours entre les nuages. **104** Et il est possible que les foudres se produisent selon bien d'autres modes ; que seulement soit banni le mythe ! Et il sera banni

---

1. SCHOLIE : « à moins que les nuages ne soient pressés ensemble par le feu et que des coups de tonnerre ne se produisent. »

si l'on procède à des inférences sur ce qui n'apparaît pas, en s'accordant correctement avec ce qui apparaît.

4. *Cyclones, séismes*

Il est possible que les cyclones se produisent d'une part en raison de la descente d'un nuage dans des lieux inférieurs, qui change de forme en étant poussé par un vent dense, et se trouve emporté en masse du fait de ce vent abondant, en même temps qu'un vent extérieur pousse le nuage de proche en proche ; et aussi bien en raison d'une disposition circulaire du vent, lorsque de l'air se trouve poussé par en haut, et qu'un fort flux de vent se crée, incapable de s'écouler sur les côtés, à cause du foulage de l'air tout autour. **105** Et si le cyclone descend jusqu'à la terre, se forment des tornades, quelle que soit la façon dont leur naissance a lieu selon le mouvement du vent ; s'il descend jusqu'à la mer, ce sont des tourbillons qui se constituent.

Il est possible que les séismes se produisent en raison de l'interception de vent dans la terre, de sa disposition le long de petites masses de cette dernière, et de son mouvement continu, ce qui provoque un tremblement dans la terre. Et ce vent, la terre l'embrasse ou bien parce qu'il vient de l'extérieur, ou bien parce que s'effondrent des fonds intérieurs qui chassent l'air capturé dans les lieux caverneux de la terre. Et en raison de la communication même du mouvement par suite de l'effondrement de nombreux fonds et de leur renvoi en sens inverse, quand ils rencontrent des concentrations plus fortes de terre – il est possible que se produisent les séismes. **106** Et il est possible que ces mouvements de la terre se produisent selon plusieurs autres modes.

Il arrive que les vents[1] surviennent au bout d'un certain temps, lorsqu'un élément étranger s'introduit, régulièrement et petit à petit, et aussi par le rassemblement d'eau en abondance ; et les autres vents se produisent, même si ce sont de faibles quantités qui tombent dans les nombreuses cavités, lorsqu'elles se diffusent.

---

1. Il s'agit des vents souterrains.

5. *Grêle, neige, rosée, glace*

La grêle se forme à la fois en raison d'une congélation assez forte, du rassemblement de certains éléments venteux venus de tous côtés, et d'une division en parties, et aussi par la congélation assez modérée de certains éléments aqueux, en même temps que leur rupture, qui produisent à la fois leur compression et leur éclatement, conformément au fait que lorsqu'ils gèlent ils se condensent par parties et en masse. **107** Et la rondeur, il n'est pas impossible qu'elle tienne au fait que de tous côtés les extrémités fondent, et que lors de sa condensation, de tous côtés, comme on dit, se disposent autour de manière égale, partie par partie, des éléments aqueux ou venteux.

Il est possible que la neige se forme d'une part lorsqu'une eau fine s'écoule à la suite de l'adaptation de nuages différents, de la pression des nuages appropriés, et de sa dissémination par le vent, et qu'ensuite cette eau gèle en se déplaçant, parce que, dans les régions situées au-dessous des nuages, il y a un fort refroidissement ; et aussi, en raison d'une congélation dans les nuages qui présentent une densité faible et régulière, pourrait se produire une émission, hors des nuages qui se pressent les uns contre les autres, d'éléments aqueux disposés côte à côte, lesquels, s'ils subissent une sorte de compression, produisent finalement de la grêle, chose qui arrive surtout dans l'air. **108** Et aussi en raison du frottement des nuages qui ont gelé, cet agrégat de neige pourrait, en retour, s'élancer[1]. Et il est possible que la neige se forme selon d'autres modes.

La rosée se forme d'une part en raison de la réunion mutuelle d'éléments en provenance de l'air, de nature à produire une humidité de cette sorte ; et c'est d'autre part en raison d'un mouvement qui part des lieux humides ou des lieux qui contiennent de l'eau, que la rosée se forme dans

---

1. Selon cette dernière hypothèse, c'est un frottement de nuages gelés qui pourrait être cause de la neige : en réaction à l'action de frottement, se produit une *apopalsis*, un élan en retour. Cet élan, dont la force provient en retour du choc des deux nuages, projette certaines parties extérieures des nuages qui se sont ainsi éraflés.

les lieux où elle apparaît : ensuite ces éléments se réunissent au même point, produisent l'humidité, et vont en sens inverse vers le bas, ainsi que souvent, même près de nous, se forme de manière semblable ce genre de choses. **109** Et la gelée blanche se forme lorsque ces rosées connaissent une sorte de congélation, à cause d'une disposition d'air froid.

La glace se forme aussi bien par l'expression hors de l'eau de la forme arrondie, et la compression des éléments inégaux et à angle aigu qui se trouvent dans l'eau, que par le rapprochement, à partir de l'extérieur, d'éléments de cette nature qui, réunis, font geler l'eau, une fois qu'ils ont exprimé une certaine quantité d'éléments ronds.

6. Arc-en-ciel, halo

L'arc-en-ciel survient en raison de l'éclairement par le soleil d'un air aqueux, ou bien en raison d'une nature particulière de l'air, qui tient à la fois de la lumière et de l'air, qui produira les particularités de ces couleurs, soit toutes ensemble, soit séparément ; et à partir de cet air-là, d'où se sépare à nouveau en brillant, la lumière, les parties limitrophes de l'air prendront cette coloration, telle que nous la voyons par l'éclairement des parties ; **110** quant à sa forme arrondie, cette image se forme parce que la vision voit un intervalle partout égal, ou parce que les sections[1] dans l'air se compriment de la sorte, ou bien parce que dans les nuages, les atomes étant emportés à partir d'un même air, un certain arrondi se dépose dans ce composé.

Le halo autour de la lune se produit parce que de l'air se porte de tous côtés vers la lune, et que, ou bien il renvoie également les écoulements qui sont émanés d'elle, jusqu'à disposer en un cercle la nébulosité que l'on voit, sans opérer une séparation complète, ou bien il renvoie de façon proportionnée, de tous côtés, l'air qui est autour de la lune, pour disposer ce qui entoure cette dernière en une périphérie ayant une épaisseur. **111** Cela se produit seulement en certaines

---

1. Les sections colorées qui constituent l'arc-en-ciel.

parties soit parce qu'un écoulement venu de l'extérieur exerce une violente pression, soit parce que la chaleur s'empare des passages appropriés pour réaliser cet effet.

V. Sujets astronomiques complémentaires

1. Comètes

Les astres chevelus[1] naissent soit parce qu'apparaît la disposition qui fait que du feu prend consistance dans les régions célestes, en certains lieux, à certains moments, soit parce que le ciel, par moments, adopte au-dessus de nous un mouvement particulier, propre à faire apparaître de tels astres, ou encore ils s'élancent à certains moments en raison d'une disposition donnée, se dirigent vers les lieux que nous occupons, et deviennent visibles. Et leur disparition survient par suite de causes opposées à celles-là.

2. Astres fixes

112 Certains astres tournent sur place[2] : cela arrive non seulement parce que cette partie du monde autour de laquelle le reste tourne, est immobile, comme le disent certains, mais aussi parce qu'un tourbillon d'air tourne autour de lui en cercle, et l'empêche de faire un parcours identique à celui des autres ; ou bien parce qu'à proximité ils n'ont pas la matière appropriée, tandis qu'ils l'ont dans le lieu où on les voit demeurer. Et il est possible que cela arrive selon bien d'autres modes, si l'on peut rassembler par le raisonnement ce qui est en accord avec ce qui apparaît.

3. Astres errants

Que certains astres soient errants, s'il arrive qu'ils aient des mouvements de cette sorte, tandis que d'autres ne se meuvent pas ainsi, **113** il est possible d'une part que cela

---

1. Les comètes.
2. Plutôt que des étoiles circumpolaires, il doit s'agir des étoiles fixes, dont Platon avait déjà supposé le mouvement de rotation axiale (*Timée*, 40 a-b).

tienne à ce qu'ils ont été contraints dès le commencement à se mouvoir en cercle, si bien que les uns sont transportés par le même tourbillon parce qu'il est égal, tandis que les autres le sont par un tourbillon qui comporte en même temps des inégalités. Mais il est possible également que selon les lieux où ils sont transportés, il se trouve des étendues d'air égales qui les poussent successivement dans la même direction et les enflamment de façon égale, tandis que d'autres sont assez inégales pour que puissent s'accomplir les changements que l'on observe. Mais donner de ces faits une seule cause, alors que ce qui apparaît en appelle une multiplicité, est délirant et se trouve mis en œuvre, au rebours de ce qu'il convient de faire, par les zélateurs de la vaine astronomie, qui donnent de certains faits des causes dans le vide, dès lors qu'ils ne délivrent pas la nature divine de ces charges-là.

4. Retard de certains astres

114 Il arrive d'observer que certains astres sont laissés en arrière par d'autres, soit parce que, tout en parcourant le même cercle, ils sont transportés autour de lui plus lentement, soit parce qu'ils sont mus selon un mouvement contraire, et sont tirés en sens inverse par le même tourbillon, soit parce qu'ils sont transportés, tantôt sur un espace plus grand, tantôt plus petit, tout en tournant en cercle autour du même tourbillon. Et se prononcer de façon simple sur ces faits ne convient qu'à ceux qui veulent raconter des prodiges à la foule.

5. Étoiles filantes

Les astres que l'on dit tomber, et par parties, peuvent se constituer, soit par leur propre usure, et par leur chute, là où se produit un dégagement de souffle, ainsi que nous l'avons dit pour les éclairs aussi ; **115** soit par la réunion d'atomes producteurs de feu, lorsque apparaît un regroupement susceptible de produire cela, et par un mouvement là où l'élan a surgi depuis le commencement, lors de leur réunion ; soit par le rassemblement de souffle dans les amas nébuleux et par leur embrasement dû à l'enroulement qu'ils subissent, ensuite par la désintégration des parties enveloppantes ; et l'endroit vers lequel entraîne l'élan, c'est vers là que le mouvement se porte. Et il y a d'autres modes permettant à cela de s'accomplir, en un nombre que je ne saurais dire[1].

6. Prévisions

Les signes précurseurs qui se produisent en certains animaux[2], se produisent par un concours de circonstances ; car les animaux n'introduisent aucune nécessité qui ferait se réaliser le mauvais temps, et nulle nature divine ne trône en surveillant les sorties de ces animaux, ni, ensuite, n'accomplit ce que ces signes annoncent ; **116** car ce n'est pas sur le premier animal venu, même un peu plus sensé, qu'une telle folie pourrait tomber, encore moins sur celui qui dispose du parfait bonheur[3].

Remémore-toi tous ces points, Pythoclès, car tu t'écarteras de beaucoup du mythe, et tu seras capable de concevoir ce qui est du même genre. Mais surtout, consacre-toi à l'observation des principes, de l'illimité et de ce qui leur est apparenté, et encore des critères et des affections, et de ce en vue de quoi nous rendons compte de ces questions. Car ce sont eux surtout, lorsqu'on les observe ensemble, qui feront concevoir facilement les causes des réalités particulières ; mais ceux qui ne ressentent pas pour eux le plus vif attachement, ne pourront pas correctement observer ensemble ces éléments mêmes, ni obtenir ce en vue de quoi il faut les observer.

---

1. Cette proposition traduit l'adjectif *amuthètoi* qui a posé problème, parce qu'on ne voyait pas pourquoi les modes seraient innombrables ; aussi, beaucoup, forçant le sens, ont compris que cela signifiait « étranger au mythe ». Cela n'est pas possible, et en fait le sens propre de l'adjectif se justifie : par rapport aux autres cas envisagés, celui de l'étoile filante se distingue par une indétermination encore bien plus grande : ainsi, un nombre bien supérieur d'hypothèses aux trois envisagées pourrait être produit.

2. Cette fois-ci, étant donné le contexte, et le fait que le résumé ait auparavant évoqué les signes précurseurs observés chez les animaux terrestres (§ 98), il doit s'agir des animaux qui constituent les signes du zodiaque. Ce type de prévision critiquée est lié à l'astronomie.

3. On ne peut pas attribuer la cause du mauvais temps à ces figures animales astrales – telle est la folie qui s'enracine dans la croyance que les dieux gouvernent le monde.

LETTRE À MÉNÉCÉE

Épicure à Ménécée, salut.

Que personne, parce qu'il est jeune, ne tarde à philosopher, ni, parce qu'il est vieux, ne se lasse de philosopher ; car personne n'entreprend ni trop tôt ni trop tard de garantir la santé de l'âme. Et celui qui dit que le temps de philosopher n'est pas encore venu, ou que ce temps est passé, est pareil à celui qui dit, en parlant du bonheur, que le temps n'est pas venu ou qu'il n'est plus là. En sorte qu'il faut philosopher lorsqu'on est jeune et lorsqu'on est vieux, dans un cas pour qu'en vieillissant l'on reste jeune avec les biens, par la reconnaissance que l'on ressent pour ce qui est passé, dans l'autre cas, pour que l'on soit à la fois jeune et vieux en étant débarrassé de la crainte de ce qui est à venir. Il faut donc avoir le souci de ce qui produit le bonheur, puisque s'il est présent nous avons tout, tandis que s'il est absent nous faisons tout pour l'avoir. **123** Et ce à quoi, continûment, je t'exhortais, cela pratique-le, à cela exerce-toi, en saisissant distinctement que ce sont là les éléments du bien-vivre.

I. Le soin de l'âme : combattre le trouble de la pensée

1. La pensée des dieux

D'abord, considérant que le dieu est un vivant incorruptible et bienheureux, suivant ce que trace la conception commune du dieu, ne lui attache rien qui soit étranger à son incorruptibilité ni qui soit inapproprié à sa félicité ; mais forme en toi, en la rapportant à lui, toute opinion qui est en mesure de préserver sa félicité jointe à son incorruptibilité. Car les dieux existent : en effet, évidente est la connaissance que l'on a d'eux ; en revanche, tels que la multitude les considère, ils n'existent pas ; en effet, elle ne préserve pas les dieux, tels qu'elle les considère. Et l'impie n'est pas celui qui supprime les dieux de la multitude, mais celui qui attache aux dieux les opinions de la multitude. **124** Car les affirmations de la multitude concernant les dieux ne sont pas des prénotions, mais des suppositions fausses. De là l'idée[1] que les plus grands dommages – accusations contre les méchants[2] – sont amenés par les dieux, ainsi que les bienfaits. En fait, c'est en totale affinité avec ses propres vertus, que l'on[3] accueille ceux qui sont semblables à soi-même, considérant comme étranger tout ce qui n'est pas tel que soi[4].

2. *La pensée de la mort et des limites*

Accoutume-toi à penser que la mort, avec nous, n'a aucun rapport ; car tout bien et tout mal résident dans la sensation : or, la mort est privation de sensation. Il s'ensuit qu'une connaissance correcte du fait que la mort, avec nous, n'a aucun rapport, permet de jouir du caractère mortel de la vie, puisqu'elle ne lui impose pas un temps inaccessible, mais au contraire retire le désir de l'immortalité.

125 Car il n'y a rien à redouter, dans le fait de vivre, pour qui a authentiquement compris qu'il n'y a rien à redouter dans le fait de ne pas vivre. Si bien qu'il est sot celui qui dit craindre la mort non pas parce qu'elle l'affli-

---

1. Épicure esquisse ici la conséquence directe de l'erreur commise à propos des dieux.
2. Cette remarque est peut-être une scholie.
3. On peut comprendre que la formule est applicable à tous les hommes, bons et mauvais, mais aussi bien aux dieux, tels que les hommes se les représentent.
4. Ceci suggère que les hommes font les dieux à leur image, s'appuyant sur la prénotion, comme il convient, ou sur l'opinion fausse, comme la plupart.

gera lorsqu'elle sera là, mais parce qu'elle l'afflige à l'idée qu'elle sera là. Car la mort qui, lorsqu'elle est là, ne nous cause pas d'embarras, provoque une affliction vide lorsqu'on l'attend. Le plus terrifiant des maux, la mort, n'a donc aucun rapport avec nous, puisque précisément, tant que nous sommes, la mort n'est pas là, et une fois que la mort est là, alors nous ne sommes plus. Ainsi, elle n'a pas de rapport ni avec les vivants, ni avec les morts, puisque pour les uns elle n'est pas, tandis que les autres ne sont plus. Mais la multitude fuit la mort tantôt comme le plus grand des maux, tantôt comme la cessation des fonctions vitales[1]. **126** Le sage, lui, ne craint pas la non-vie, car la vie ne l'accable pas, et il ne pense pas que la non-vie soit un mal[2] ; et tout comme il ne choisit pas la nourriture qui est absolument la plus copieuse, mais la plus agréable, de même aussi il cueille les fruits du temps non pas le plus long, mais le plus agréable. Et celui qui exhorte le jeune homme à vivre bien, et le vieillard à bien s'éteindre est stupide, non seulement parce que la vie est agréable, mais également parce que c'est une seule et même chose que le souci de bien vivre et celui de bien mourir. Et il est encore bien plus vil celui qui dit qu'il est bien de ne pas être né, mais

« une fois né, [de] franchir au plus vite les portes de l'Hadès[3] ».

127 En effet, s'il est persuadé de ce qu'il dit, comment se fait-il qu'il ne sorte pas de la vie ? Cela se trouve en son pouvoir, si vraiment il en a pris la ferme décision. Mais s'il raille, il montre de la futilité dans des questions qui n'en admettent pas.

Et il faut se remémorer que l'avenir ne nous appartient pas sans nous être absolument étranger, afin que

---

1. Cela semble signifier que le commun des hommes voit à la fois juste et faux sur la mort : il en a la prolepse (la mort est la cessation de la vie), mais s'y ajoutent de fausses idées (le plus grand mal), qui le font osciller, dans l'inquiétude et la crainte, de l'une à l'autre, toutes choses qu'il appartient au philosophe de dissiper.

2. L'illusion mise en évidence, c'est le point de vue du sage qui s'énonce : inversement donc, pour tout individu qui prétend à la sagesse, la mort n'est pas redoutée, etc.

3. Citation de Théognis, v. 427.

nous ne nous attendions pas absolument à ce qu'il arrive, ni ne désespérions comme s'il ne pouvait absolument pas arriver.

II. Le soin du corps et de l'âme : désirs et plaisirs

1. La classification des désirs

Et il faut voir, en raisonnant par analogie[1], que parmi les désirs, certains sont naturels, d'autres vides, et que parmi les désirs naturels, certains sont nécessaires, d'autres seulement naturels ; et parmi les désirs nécessaires, certains sont nécessaires au bonheur, d'autres à l'absence de perturbations du corps, d'autres à la vie même. **128** En effet, une observation sans détour de ces distinctions sait rapporter tout choix et tout refus à la santé du corps et à l'ataraxie, puisque telle est la fin de la vie bienheureuse ; car ce pour quoi nous faisons toutes choses, c'est ne pas souffrir et ne pas être dans l'effroi ; et une fois que cela se réalise en nous, se dissipe toute la tempête de l'âme, puisque le vivant n'a pas à se diriger vers quelque chose comme si cela lui manquait, ni à en chercher une autre qui permettrait au bien de l'âme et à celui du corps d'atteindre leur plénitude ; en effet, c'est à ce moment que nous avons besoin d'un plaisir, lorsque nous souffrons par suite de l'absence du plaisir ; mais lorsque nous ne souffrons pas, nous n'avons plus besoin du plaisir.

2. Le plaisir – principe

Et c'est pour cette raison que nous disons que le plaisir est le principe et la fin de la vie bienheureuse. **129** Car c'est le plaisir que nous avons reconnu comme le bien premier et congénital, et c'est à partir de lui que nous commençons à choisir et refuser, et c'est à lui que nous aboutissons, en jugeant tout bien d'après l'affection prise

---

1. Cf. la Présentation de la lettre, p. 116. Il s'agit d'un rassemblement analogique de similitudes.

comme règle[1]. Et parce que c'est là le bien premier et co-naturel, pour cette raison nous choisissons tout plaisir ; mais il y a des cas où nous passons par-dessus de nombreux plaisirs, chaque fois qu'un désagrément plus grand résulte pour nous de ces plaisirs ; et nous pensons que bien des douleurs sont préférables à des plaisirs, lorsqu'un plus grand plaisir s'ensuit pour nous, après avoir longtemps supporté les douleurs. Donc, tout plaisir, parce qu'il a une nature appropriée, est un bien, et cependant tout plaisir n'est pas à choisir ; de même aussi que toute douleur est un mal, bien que toute douleur ne soit pas de nature à toujours être évitée.

130 Cependant, c'est par la mesure comparative et la considération des avantages et des désavantages, qu'il convient de juger de tous ces points. Car à certains moments nous faisons usage du bien comme s'il était un mal, et inversement du mal comme s'il était un bien.

3. La suffisance à soi

Et nous estimons que la suffisance à soi[2] est un grand bien, non pas pour faire dans tous les cas usage de peu de choses, mais pour faire en sorte, au cas où nous n'aurions pas beaucoup, de faire usage de peu, étant authentiquement convaincus que jouissent avec le plus de plaisir[3] de la profusion ceux qui ont le moins besoin d'elle, et que ce qui est naturel est tout entier facile à se procurer, mais ce qui est vide, difficile. Les saveurs simples apportent un plaisir égal à un régime de vie profus, dès lors que toute la douleur venant du manque est supprimée ; **131** et le pain et l'eau donnent le plaisir le plus élevé, dès que dans le besoin on les prend. Ainsi donc, l'habitude de régimes de vie simples et non profus est constitutive de la santé, rend l'homme résolu dans les nécessités de la vie courante, nous met dans les meilleures dispositions lorsque, par intervalles, nous nous approchons de la profusion, et, face à la fortune, nous rend sans peur.

---

1. C'est le « canon » : la valeur de critère de l'affection est ici rappelée.
2. *Autarkeia.*
3. Cf. Présentation, p. 125.

Ainsi donc, lorsque nous disons que le plaisir est la fin, nous ne voulons pas parler des « plaisirs des gens dissolus » ni des « plaisirs qui se trouvent dans la jouissance »[1], comme le croient certains qui, par ignorance, sont en désaccord avec nous ou font à nos propos un mauvais accueil, mais de l'absence de douleur en son corps, et de trouble en son âme. **132** Car ce ne sont pas les banquets et les fêtes ininterrompus, ni les jouissances que l'on trouve avec des garçons et des femmes, pas plus que les poissons et toutes les autres nourritures que porte une table profuse, qui engendrent la vie de plaisir, mais le raisonnement sobre qui recherche les causes de tout choix et de tout refus, et repousse les opinions par lesquelles le plus grand tumulte se saisit des âmes.

III. La philosophie comme exercice

1. *La prudence : la vie vertueuse comme vie de plaisir*

De tout cela le principe et le plus grand bien est la prudence[2]. C'est pourquoi la philosophie est, en un sens plus précieux, prudence, de laquelle toutes les autres vertus sont issues : elles nous enseignent qu'il n'est pas possible de vivre avec plaisir sans vivre avec prudence, et qu'il n'est pas possible de vivre de façon bonne et juste, sans vivre avec plaisir[3], car toutes les vertus sont naturellement asso-

---

1. On ne voit pas clairement comment distinguer ces deux types de plaisir qu'Épicure rejette : il peut faire allusion ici à deux déformations de sa doctrine par des adversaires, ceux qu'il évoque aussitôt après.

2. Autrement dit, la sagesse pratique.

3. On suppose en général une lacune, par haplographie ; cela ne me semble pas certain. Dans le passage de Cicéron que l'on invoque pour corriger le texte de Diogène Laërce (*Des fins des biens et des maux*, I, 18, 57), la symétrie observée me semble liée à l'assimilation du schéma des quatre vertus cardinales, et se trouve peut-être suscitée par elle ; par ailleurs Sénèque, ne fait que renverser vertu et plaisir dans la *Lettre à Lucilius*, 85, 18, ou encore beau et agréable, dans *De la vie heureuse*, 6,3 et 9,4).

ciées au fait de vivre avec plaisir, et vivre avec plaisir est inséparable de ces vertus[1].

2. *La force du sage*

133 Ensuite, penses-tu que l'on puisse être supérieur à qui a des opinions pieuses sur les dieux, et qui, en ce qui concerne la mort, est constamment sans peur, qui a appliqué son raisonnement à la fin de la nature, et qui comprend qu'il est facile d'atteindre pleinement et de se procurer le terme des biens, et que le terme des maux tient à une brève durée ou bien une faible souffrance, qui se rirait de ce qui est présenté par certains comme la maîtresse de toutes choses[2], < mais qui voit que certaines choses arrivent par nécessité, > d'autres par la fortune, d'autres dépendent de nous, parce qu'il voit que la nécessité n'est pas responsable, que la fortune est instable et que ce qui dépend de nous est sans maître, d'où découlent naturellement le blâmable et son contraire **134** (car il serait préférable de suivre le mythe touchant les dieux plutôt que de s'asservir au destin des physiciens : le premier en effet esquisse l'espoir de détourner les dieux en les honorant, tandis que l'autre présente une nécessité que l'on ne peut détourner) ?

Sans supposer que la fortune est un dieu, comme beaucoup le croient (car rien n'est fait au hasard par un dieu), ni une cause sans fermeté (car on peut bien estimer qu'un bien ou un mal contribuant à la vie heureuse sont donnés aux hommes par la fortune, mais pas que les principes des grands biens ou des grands maux sont régis par

---

1. Par un élargissement, Épicure fait s'équivaloir plaisir et vertu (sans que l'un toutefois s'identifie à l'autre). Cette proposition établit donc la circularité du système éthique : le plaisir est point de départ et point d'arrivée. Le plaisir est fin en tant que principe.
2. L'expression et le contexte ne permettent pas de s'y tromper : c'est à la Nécessité ou au Destin comme principes, qu'il est fait allusion. La suite réduit la part de la nécessité, et annule la force de ce que d'aucuns nomment le Destin.

elle)[1], **135** en pensant qu'il vaut mieux être infortuné en raisonnant bien, qu'être fortuné sans raisonner (certes, ce qui est préférable, dans nos actions, c'est que la fortune confirme ce qui est bien jugé), ces enseignements donc, et ce qui s'y apparente, mets-les en pratique, en relation avec toi-même, le jour et la nuit, et en relation avec qui t'est semblable, et jamais tu ne seras troublé, ni dans la veille ni dans les rêves, mais tu vivras comme un dieu parmi les hommes. Car il ne ressemble en rien à un animal mortel, l'homme vivant dans les biens immortels.

---

1. L'on accordera que la fortune puisse accidentellement apporter un bien ou un mal (en ce sens elle a une certaine fermeté), mais pas que les principes des biens et des maux puissent être suspendus à cette cause instable, ainsi que le pensent la plupart des hommes ; car l'intervention de la fortune, et le sens de son intervention, sont imprévisibles.

MAXIMES CAPITALES

I   Ce qui est bienheureux et incorruptible n'a pas soi-même d'ennuis ni n'en cause à un autre, de sorte qu'il n'est sujet ni aux colères ni aux faveurs ; en effet, tout cela se rencontre dans ce qui est faible[1].

II   La mort n'a aucun rapport avec nous ; car ce qui est dissous est insensible, et ce qui est insensible n'a aucun rapport avec nous.

III   La suppression de tout ce qui est souffrant est la limite de la grandeur des plaisirs. Et là où se trouve ce qui ressent du plaisir, tout le temps qu'il est, là n'est pas ce qui est souffrant, affligé, ou les deux[2].

---

1. SCHOLIE : « Ailleurs, il dit que les dieux sont visibles par la raison, existant d'une part numériquement, d'autre part selon l'identité de forme, à partir d'un écoulement continu de simulacres semblables qui ont été constitués en une identité, de forme humaine. » Cette scholie est, en vue de reconstituer la théologie d'Épicure, aussi importante qu'obscure. Elle indique que la vision des dieux est à penser selon deux axes : distinction de dieux individuels, identité fondamentale de tous les dieux (qui renvoie à la prénotion divine).
2. Plaisir et douleur sont mutuellement exclusifs. Or, il peut y avoir dans le corps diverses causes de douleur : le début de la maxime indique donc la limite extensive du plaisir, c'est-à-dire la suppression de toute douleur. Mais d'un point de vue intensif, le plaisir n'est pas plus ou moins, il est (l'illusion est de croire qu'on peut l'accroître, quand on ne fait que le varier, cf. *M.C.* XVIII). On note en outre que la maxime raisonne sur ce qui éprouve plaisir ou douleur, c'est-à-dire sur une certaine disposition du corps dans laquelle il éprouve plaisir ou douleur. Enfin, la maxime distingue entre état souffrant, pour le corps, et état d'affliction pour l'âme, sans que l'un implique nécessairement l'autre ; mais l'état de plaisir, lui, est présenté comme l'opposé de l'un et de l'autre.

IV Ce qui, dans la chair, est continuellement souffrant[1], ne dure pas : en fait, sa pointe extrême est présente un très court instant, tandis que ce qui, dans la chair, est seulement en excès par rapport à ce qui éprouve le plaisir, s'en trouve concomitant un petit nombre de jours ; et dans le cas des maladies chroniques, ce qui, dans la chair, ressent du plaisir, est plus important que ce qui est souffrant.

V Il n'est pas possible de vivre avec plaisir sans vivre avec prudence, et il n'est pas possible de vivre de façon bonne et juste, sans vivre avec plaisir[2]. Qui ne dispose pas des moyens de vivre de façon prudente, ainsi que de façon bonne et juste, celui-là ne peut pas vivre avec plaisir.

VI En vue de la confiance que donnent les hommes, il y a, conformément à la nature, le bien du pouvoir et de la royauté, à supposer qu'à partir de ces derniers il soit possible de se la ménager[3].

VII Certains ont voulu devenir réputés et célèbres, se figurant qu'ainsi ils acquerraient la sécurité que procurent les hommes ; en sorte que, si la vie de tels hommes a été sûre, ils ont reçu en retour le bien de la nature ; mais si elle n'a pas été sûre, ils ne possèdent pas ce vers quoi ils ont tendu au début, conformément à ce qui est le propre de la nature.

VIII Nul plaisir n'est en soi un mal ; mais les causes productrices de certains plaisirs apportent de surcroît des perturbations bien plus nombreuses que les plaisirs.

IX Si tout plaisir se condensait, et s'il durait en même temps qu'il était répandu dans tout l'agrégat, ou dans les

---

1. Épicure emploie les participes neutres (comme dans la *M.C.* III ou la *M.C.* X) : c'est un traitement éthique de la douleur qu'éprouve l'être sentant et affecté, qu'administre la maxime.
2. Cf. *L. à Mén.*, § 132.
3. Cette maxime doit être lue avec la suivante, qui aide à l'expliciter.

parties principales de notre nature, les plaisirs ne différe-
raient jamais les uns des autres[1].

X Si les causes qui produisent les plaisirs des gens dissolus défaisaient les craintes de la pensée, celles qui ont trait
aux réalités célestes, à la mort et aux douleurs, et si en outre
elles enseignaient la limite des désirs, nous n'aurions rien,
jamais, à leur[2] reprocher, eux qui seraient emplis de tous par
les plaisirs, et qui d'aucun côté ne connaîtraient ce qui est
souffrant ou affligé, ce qui est précisément le mal.

XI Si les doutes sur les réalités célestes ne nous pertur-
baient pas du tout, ni ceux qui ont trait à la mort, dont on
redoute qu'elle soit jamais quelque chose en rapport avec
nous, ou encore le fait de ne pas bien comprendre les limites
des douleurs et des désirs, nous n'aurions pas besoin de
l'étude de la nature[3].

XII Il n'est pas possible de dissiper ce que l'on redoute
dans les questions capitales[4] sans savoir parfaitement quelle
est la nature du tout – au mieux peut-on dissiper quelque
inquiétude liée aux mythes ; de sorte qu'il n'est pas possible, sans l'étude de la nature, de recevoir en retour les
plaisirs sans mélange[5].

---

1. En fait, les plaisirs diffèrent et ne durent pas : l'hypothèse qui est
formulée ici cherche à représenter ce que serait le plaisir parfaitement
stable du vivant, dont Épicure fait un objectif majeur de la progression
éthique (cf. Présentation, pp. 124-125).
2. Les gens dissolus. Nous ne leur faisons de reproche, nous ne les
jugeons, que sous le rapport du bonheur, qu'ils n'atteignent pas. Le dérèglement des sens n'est pas condamné *a priori* mais exclu pour ses
conséquences néfastes.
3. L'étude de la nature est donc justifiée par le besoin de mettre en
œuvre le *tetrapharmakos* dont le premier élément portant sur les dieux,
voit ici se substituer les réalités célestes – cela est aisément compréhensible, puisque les dieux et le ciel sont unis dans les mêmes peurs.
4. Celles qu'évoque la *L. à Hér.*, § 35.
5. Le verbe *apolambanein* établit une corrélation entre l'étude de la
nature et les plaisirs sans mélange : ils sont le bénéfice que l'on tire d'une
telle étude.

XIII Il n'y a aucun profit à se ménager la sécurité parmi les hommes, si ce qui est en haut reste redouté, ainsi que ce qui est sous terre et en général ce qui est dans l'illimité[1].

XIV Si la sécurité que procurent les hommes est due jusqu'à un certain degré à une puissance bien assise et à l'abondance, la plus pure des sécurités est celle qui vient de la tranquillité, et de la vie à l'écart de la foule.

XV La richesse de la nature est à la fois bornée et facile à atteindre ; mais celle des opinions vides se perd dans l'illimité.

XVI Faiblement sur le sage la fortune s'abat : le raisonnement a ordonné les éléments majeurs et vraiment capitaux, et tout au long du temps continu de la vie les ordonne et les ordonnera.

XVII Le juste est le plus à l'abri du trouble, l'injuste est rempli par le plus grand trouble[2].

XVIII Dans la chair, le plaisir ne s'accroît pas une fois que la douleur liée au besoin est supprimée, mais varie seulement. Mais pour la pensée, la limite qui est celle du plaisir naît du décompte de ces réalités mêmes, et de celles du même genre, qui procurent les plus grandes peurs à la pensée.

XIX Un temps illimité comporte un plaisir égal à celui d'un temps limité, si l'on mesure les limites du plaisir par le raisonnement.

---

1. C'est un nouvel appel à la pratique de la *phusiologia*, pour chasser les mondes imaginaires, faire s'évanouir la fiction des dieux belliqueux.
2. Épicure joue sur l'opposition entre l'état d'ataraxie et l'état de trouble, appliquée à une réflexion sur la justice, et ici encore le soi est pensé par rapport à la figure d'un navire sur la mer : l'injuste est comme un bateau livré à la tempête, tandis que le juste est à l'abri de cette tempête.

XX La chair reçoit les limites du plaisir comme illimitées, et c'est un temps illimité qui le lui prépare. De son côté, la pensée, s'appliquant à raisonner sur la fin et la limite de la chair, et dissipant les peurs liées à l'éternité, prépare la vie parfaite – ainsi nous n'avons plus besoin en quoi que ce soit du temps illimité ; mais elle ne fuit pas le plaisir, et pas davantage, lorsque les circonstances préparent la sortie de la vie, elle ne disparaît comme si quelque chose de la vie la meilleure lui faisait défaut[1].

XXI Celui qui connaît bien les limites de la vie, sait qu'il est facile de se procurer ce qui supprime la souffrance due au besoin, et ce qui amène la vie tout entière à sa perfection ; de sorte qu'il n'a nullement besoin des situations de lutte.

XXII Il faut s'appliquer à raisonner sur la fin qui est donnée là, et sur toute l'évidence à laquelle nous ramenons les opinions ; sinon, tout sera plein d'indistinction et de trouble.

XXIII Si tu combats toutes les sensations, tu n'auras même plus ce à quoi tu te réfères pour juger celles d'entre elles que tu prétends être erronées.

XXIV Si tu rejettes purement et simplement une sensation donnée, et si tu ne divises pas ce sur quoi l'on forme une opinion, en ce qui est attendu et ce qui est déjà présent selon la sensation, les affections et toute projection imaginative de la pensée, tu iras jeter le trouble jusque dans les autres sensations avec une opinion vaine, et cela t'amènera à rejeter en totalité le critère. Mais si tu établis fermement, dans les pensées qui aboutissent à une opinion, aussi bien

---

1. Le sage forge une position qui le rend indépendant de la contingence des plaisirs : en opposition complète à ce que la chair imposerait, livrée à elle-même, soumise à la loi du temps, la pensée fait le tour de la chair et d'elle-même – elle dissipe la perspective d'une souffrance continue (du corps et de l'esprit), et ainsi libère le vivant de la dépendance du temps. Dans l'action, le sage se sert des plaisirs, sans être soumis au besoin ; ainsi, lorsqu'il meurt, le sage meurt sans aucun regret, n'étant pas soumis à la loi du plaisir en mouvement, non plus qu'à celle du temps.

tout ce qui est attendu que tout ce qui n'attend pas confirmation, tu ne renonceras pas à l'erreur, si bien que tu auras supprimé toute possibilité de discuter ainsi que tout jugement sur ce qui est correct et incorrect.

XXV Si en toute occasion tu ne rapportes pas chacun de tes actes à la fin de la nature, mais tu te détournes, qu'il s'agisse de fuir ou de poursuivre, vers quelque autre chose, tu n'accorderas pas tes actions avec tes raisons.

XXVI Parmi les désirs, tous ceux qui ne reconduisent pas à la souffrance s'ils ne sont pas comblés, ne sont pas nécessaires, mais ils correspondent à un appétit que l'on dissipe aisément, quand ils semblent difficiles à assouvir ou susceptibles de causer un dommage.

XXVII Parmi les choses dont la sagesse se munit en vue de la félicité de la vie tout entière, de beaucoup la plus importante est la possession de l'amitié.

XXVIII C'est le même jugement qui nous a donné confiance en montrant qu'il n'y a rien d'éternel ni même d'une longue durée à redouter, et qui a reconnu que la sécurité de l'amitié, dans cela même qui a une durée limitée, s'accomplit au plus haut point.

XXIX Parmi les désirs <non nécessaires>, les uns sont naturels et non nécessaires, les autres ne sont ni naturels ni nécessaires, mais proviennent d'une opinion vide[1].

XXX Parmi les désirs naturels qui ne reconduisent pas à la souffrance s'ils ne sont pas réalisés, ceux où l'ardeur est intense, sont les désirs qui naissent d'une opinion vide, et

---

1. SCHOLIE : « Épicure estime naturels et nécessaires les désirs qui dissipent les douleurs, comme la boisson pour la soif ; naturels et non nécessaires les désirs qui ne font que varier le plaisir, mais qui ne suppriment pas la douleur, comme une nourriture coûteuse ; ni naturels ni nécessaires, comme les couronnes et l'érection de statues ».

La scholie rappelle la tripartition des désirs que l'on trouve dans la *Lettre à Ménécée* (§ 127-128).

ils ne se dissipent pas, non pas en raison de leur propre nature, mais en raison de la vide opinion de l'homme.

XXXI Le juste de la nature est une garantie[1] de l'utilité qu'il y a à ne pas se causer mutuellement de tort ni en subir.

XXXII Pour tous ceux des animaux[2] qui ne pouvaient pas passer des accords sur le fait de ne pas causer de tort, mais également de ne pas en subir, pour ceux-là rien n'était juste ni injuste ; et il en allait de même pour ceux des peuples qui ne pouvaient pas ou ne voulaient pas passer des accords sur le fait de ne pas causer de tort et de ne pas en subir.

XXXIII La justice n'était pas quelque chose en soi, mais dans les groupements des uns avec les autres, dans quelque lieu que ce fût, à chaque fois, c'était un accord sur le fait de ne pas causer de tort et de ne pas en subir.

XXXIV L'injustice n'est pas un mal en elle-même, mais elle l'est dans la crainte liée au soupçon, qu'elle ne puisse rester inaperçue de ceux qui sont chargés de punir de tels actes.

XXXV Il n'est pas possible que celui qui, en se cachant, commet ce que les hommes se sont mutuellement accordés à ne pas faire, afin de ne pas causer de tort ni en subir, soit certain que cela restera inaperçu, même si à partir de maintenant, cela passe dix mille fois inaperçu ; car jusqu'à sa disparition, il n'y a nulle évidence que cela continue de rester inaperçu.

---

1. Cela rend le grec *sumbolon* : l'utilité est ce qui fournit à chacun son bien ; l'utilité mutuelle est le juste, tel que la nature même le détermine. Entre le juste et l'utilité, il y a donc une complémentarité, et ce sont les hommes qui conviennent de ce juste qui vise à ne pas causer ni subir de tort.

2. Il ne s'agit pas de distinguer entre animaux apprivoisés et sauvages, car nul animal ne peut contracter avec l'homme : le contrat suppose le langage. Ainsi, le seul animal pour qui il y ait du juste et de l'injuste, c'est un fait, est l'homme. La formule change ensuite de plan, et envisage les grands corps, les peuples ; apparaît alors une nouvelle dichotomie : certains peuples tendent à établir un droit « international », d'autres pas.

XXXVI Considérant ce qui est commun, le juste est le même pour tous, car c'est quelque chose d'utile dans la communauté mutuelle des hommes ; mais considérant la particularité du pays et toutes les autres causes que l'on veut, il ne s'ensuit pas que la même chose soit juste pour tous[1].

XXXVII Ce qui confirme son utilité dans les us de la communauté mutuelle des hommes, parmi les choses tenues pour légalement justes, vient occuper la place du juste, que ce soit la même chose pour tous ou non[2]. Mais si on l'établit seulement, sans se conformer à ce qui est utile à la communauté mutuelle des hommes, cela n'a plus la nature du juste. Et même si c'est l'utile conforme au juste qui vient à changer, du moment qu'il s'accorde un temps à la prénotion, il n'en était pas moins juste pendant ce temps-là, pour ceux qui ne se troublent pas eux-mêmes avec des formules vides, mais regardent le plus possible les réalités.

XXXVIII Là où, sans que des circonstances extérieures nouvelles soient apparues, dans les actions mêmes, ce qui avait été institué comme juste ne s'adaptait pas à la prénotion, cela n'était pas juste ; en revanche là où, à la suite de circonstances nouvelles, les mêmes choses établies comme justes n'avaient plus d'utilité, alors, dans ce cas, ces choses avaient été justes, lorsqu'elles étaient utiles à la communauté des concitoyens entre eux, et ultérieurement ne l'étaient plus, lorsqu'elles n'avaient pas d'utilité.

XXXIX Celui qui a le mieux aménagé le manque de confiance causé par ce qui est au-dehors, celui-là s'est fait

---

1. La prénotion du juste (nommée dans les *M.C.* XXXVII et XXXVIII) suppose celle de groupe, de communauté d'êtres capables de se mettre d'accord pour garantir leurs intérêts réciproques ; dans tous les cas, pour « ce qui est commun », le juste est ce qui rend possible la coexistence d'individus et donc la vie d'une communauté. Cela étant, il y a une infinité de particularismes s'attachant aux règlements de justice, qui n'affectent pas l'unité formelle du juste.

2. Épicure montre ici clairement qu'il faut dissocier le juste et le légal : ce qui fait que le légal est juste, c'est son utilité, qui ne se vérifie qu'à l'usage. Le législateur peut donc se tromper.

un allié de ce qui pouvait l'être, et de ce qui ne pouvait pas l'être, il n'a pas fait du moins un ennemi. Mais ce sur quoi il n'avait même pas ce pouvoir, il ne s'en est pas mêlé, et il a lutté pour tout ce à propos de quoi il lui était utile de le faire.

XL Tous ceux qui ont pu se pourvoir de la force de la confiance, surtout grâce à leurs proches, ont ainsi aussi vécu les uns avec les autres, avec le plus de plaisir, le mode de vie le plus ferme, puisqu'ils avaient la certitude ; et comme ils en avaient retiré la plus pleine des familiarités, ils ne se sont pas lamentés, comme par pitié, sur la disparition, avant eux, de celui qui était parvenu au terme de sa vie.

SENTENCES VATICANES

1 Ce qui est bienheureux et incorruptible n'a pas soi-même d'ennuis ni n'en cause à un autre, de sorte qu'il n'est sujet ni aux colères ni aux faveurs ; en effet, tout cela se trouve dans la faiblesse[1].

2 La mort n'a aucun rapport avec nous ; car ce qui est dissous est insensible, et ce qui est insensible n'a aucun rapport avec nous[2].

3 Ce qui, dans la chair, est souffrant, ne dure pas : en fait, sa pointe extrême est présente un très court instant, tandis que ce qui, dans la chair, est seulement en excès par rapport à ce qui éprouve le plaisir, s'en trouve concomitant un petit nombre de jours ; et dans le cas des maladies chroniques, ce qui, dans la chair, ressent du plaisir, est plus important que ce qui est souffrant[3].

4 Toute douleur est facile à mépriser : celle dont la peine est intense est d'une brève durée, celle qui dure dans la chair s'accompagne d'une faible peine.

5 Il n'est pas possible de vivre avec plaisir sans vivre de façon prudente, bonne et juste. Et quand cela n'est pas, il n'est pas possible de vivre avec plaisir[4].

---

1. Cf. *M.C.* I. Pour les doublets *M.C./S.V.*, cf. Présentation, p. 137.
2. Cf. *M.C.* II.
3. Cf. *M.C.* IV.
4. Cf. *M.C.* V.

6 Il n'est pas possible que celui qui, en se cachant, commet ce que les hommes se sont mutuellement accordés à ne pas faire, afin de ne pas causer de tort ni en subir, soit certain que cela restera inaperçu, même si aujourd'hui cela passe dix mille fois inaperçu ; car jusqu'à sa disparition, il n'y a nulle évidence que cela continue de rester inaperçu[1].

7 Il est peu facile, pour qui commet une injustice, de la faire passer inaperçue ; et être sûr qu'elle passe inaperçue est impossible.

8 La richesse de la nature est bornée et facile à atteindre ; mais celle des opinions vides se perd dans l'illimité et elle est difficile à atteindre[2].

9 C'est un mal que la nécessité, mais il n'y a aucune nécessité de vivre avec la nécessité.

10[3] Souviens-toi que tout en ayant une nature mortelle et en disposant d'un temps limité, tu t'es élevé grâce aux raisonnements sur la nature jusqu'à l'illimité et l'éternité, et tu as observé :

« ce qui est, ce qui sera et ce qui a été[4] ».

11 Chez la plupart des hommes, ce qui reste en repos s'engourdit, ce qui est en mouvement est enragé.

12 La vie juste est la plus dépourvue de trouble, la vie injuste est remplie par le plus grand trouble[5].

13 Parmi les choses dont la sagesse se munit pour la félicité de la vie tout entière, de beaucoup la plus importante est la possession de l'amitié[6].

14 Nous sommes nés une fois, mais deux fois cela n'est pas possible, et il faut pour l'éternité ne plus être ; toi, qui

---

1. Cf. *M.C.* XXXV.
2. Cf. *M.C.* XV.
3. La sentence est attribuée à Métrodore (fr. 37 Körte) par Clément d'Alexandrie.
4. Citation de l'*Iliade*, I, 70.
5. Cf. *M.C.* XVII.
6. Cf. *M.C.* XXVII.

n'es pas de demain, tu diffères la joie : mais la vie périt par le délai, et chacun d'entre nous meurt, à se priver de loisir.

15 Tout comme nous respectons les manières d'être qui nous appartiennent en propre, qu'elles aient de la valeur et que les hommes nous les envient, ou non, de même il faut respecter celles de nos proches, s'ils le sont suffisamment[1].

16 Personne, voyant le mal, ne le choisit, mais attiré par l'appât d'un bien vers un mal plus grand que celui-ci[2], l'on est pris au piège.

17 Ce n'est pas le jeune, le plus heureux, mais le vieux qui a bien vécu ; car le jeune dans la plénitude de l'âge erre, l'esprit troublé, victime de la fortune ; mais le vieux, comme à un port a abordé à la vieillesse, enfermant ceux des biens en lesquels il plaçait auparavant peu d'espoir, dans une sûre reconnaissance[3].

18 Si l'on retire la vue, l'intimité et la vie commune, le sentiment amoureux se dissipe[4].

19 Oublieux de ce qui a été, l'homme bon est devenu vieux le jour même[5].

20 Parmi les désirs, les uns sont naturels et nécessaires, les autres naturels et non nécessaires, les autres ne sont ni naturels ni nécessaires, mais proviennent d'une opinion vide.

---

1. C'est-à-dire suffisamment proches.
2. C'est-à-dire le bien qui est l'appât.
3. C'est la *chariś*, qui signifie la reconnaissance, et qui est très proche de la *chara*, la joie.
4. Ce jugement touchant l'*erôs* paraît fortement anti-platonicien (cf. aussi *S.V.* 51) par sa manière de présenter l'amour-*erôs* comme l'effet d'une proximité physique, qui disparaît avec elle. Toutefois, par différence avec cette contingence du commerce physique, Épicure définit ailleurs « l'amour de la vraie philosophie » (457 Us.), comme un *erôs* qui supprime toute cause de trouble, tout désir purement physique.
5. L'homme est dit bon – *agathos* – par ironie. La naïveté bonhomme, oublieuse, interdit la possession du bien véritable. Seule la remémoration nous rend maître du temps ; on ne subit ce dernier que lorsqu'on consent à ce qu'il efface tout, jusque en soi-même.

21 Il ne faut pas faire violence à la nature, mais la persuader ; et nous la persuaderons en satisfaisant les désirs nécessaires, ainsi que les désirs naturels, s'ils ne nous nuisent pas, en rejetant en revanche durement les désirs nuisibles.

22 Le temps illimité et le temps limité comportent un égal plaisir, si de ce dernier l'on mesure correctement les limites par le raisonnement[1].

23 Toute amitié est par elle-même une vertu, mais elle a son origine dans l'utilité[2].

24 Aux visions des rêves n'est pas échue une nature divine ou une faculté divinatoire, mais les visions surviennent suivant l'impact des simulacres[3].

25 La pauvreté mesurée selon la fin de la nature est une grande richesse ; une richesse qui ne connaît pas de limite est une grande pauvreté.

26 Il faut voir distinctement que le long discours ainsi que le bref tendent vers le même but[4].

27 Pour les autres occupations, après maturation, le fruit vient péniblement, mais pour la philosophie, l'agrément se rencontre avec la connaissance ; car la jouissance ne vient pas après l'apprentissage, mais apprentissage et jouissance vont de pair.

---

1. Cf. *M.C.* XIX.
2. Épicure joue sur un paradoxe : que l'amitié désintéressée naisse de l'intérêt ; mais c'est le paradoxe même de son éthique, selon laquelle toute action procède d'un intérêt (pour la justification de la leçon manuscrite, *aretè*, on se reportera à J. Bollack, *La pensée du plaisir*, p. 451, et 569-572 ; et aussi A.A. Long-D. Sedley, *The Hellenistic Philosophers*, II, p. 132).
3. On devra distinguer à la lumière de cette sentence le fait avéré que dans nos rêves nous voyons des dieux, de l'idée fausse selon laquelle le rêve serait lui-même de nature divine.
4. Les deux types de discours (du traité au résumé) sont unifiés par un même objectif, qui est la remémoration des principes du vrai et leur application vécue.

28 Il ne faut approuver ni ceux qui s'empressent à l'amitié, ni ceux qui tardent ; mais il faut se risquer à accorder sa faveur, en faveur de l'amitié.

29 Pour ma part, usant du franc-parler de celui qui étudie la nature, je préfèrerais dire tel un oracle ce qui est utile à tous les hommes, quand bien même personne ne me comprendrait, plutôt que d'approuver les opinions courantes, pour récolter la louange qui tombe du grand nombre, à foison.

30[1] Certains, tout au long de leur vie, préparent ce qui les fera vivre, sans voir en même temps que l'on nous a versé à tous la pharmacie[2] de la naissance, qui est mortelle.

31[3] Face à tout le reste, il est possible de se procurer la sécurité, mais à cause de la mort, nous tous les hommes habitons une ville sans rempart[4].

32 Vénérer le sage est un grand bien pour celui qui le vénère.

33 Voix de la chair : ne pas avoir faim, ne pas avoir soif, ne pas avoir froid ; celui qui dispose de cela, et a l'espoir d'en disposer à l'avenir, peut lutter pour le bonheur[5].

---

1. Stobée (*Florilège*, XVI, 21) attribue cette sentence à Métrodore (= fr. 53 Körte).

2. Je rends ainsi le grec *pharmakon*, car Épicure joue ici sur la valeur ambivalente du terme : drogue (ou poison), et remède.

3. Cette sentence est également attribuée à Métrodore par Stobée (fr. 51 Körte).

4. Ainsi, seule la philosophie nous donne l'authentique sécurité, qui nous délivre de la peur de la mort ; le non-philosophe, lui, est démuni.

5. Je n'ai pas repris l'insertion traditionnelle : « lutter <avec Zeus> » ; elle repose sur des passages d'Élien et Clément d'Alexandrie notamment (cf. 602 Us.), qui semblent citer librement la sentence. Mais cette addition, qui ne s'impose pas vraiment, introduit peut-être dans la sentence une difficulté où il n'y en avait pas. Le texte transmis que je traduis, dit en effet seulement que l'absence de douleur du corps constitue une condition nécessaire pour obtenir le bonheur. Mais il faudra encore supprimer les troubles de l'âme. S'il était supposé ici que l'absence de douleur du corps permet de rivaliser avec Zeus, on produirait une distorsion de la doctrine d'Épicure en laissant penser que l'aponie seule soit le bonheur (cf. également J. Bollack, *La pensée du plaisir*, p. 469).

34 Nous n'avons pas tant à nous servir des services que nous rendent nos amis, que de l'assurance que nous avons de ces services.

35 Il ne faut pas gâter les choses présentes par le désir des absentes, mais réfléchir au fait que celles-là mêmes ont fait partie des choses souhaitables[1].

36[2] La vie d'Épicure, comparée à la vie des autres hommes, pourrait être considérée, en raison de sa douceur et de sa suffisance à soi, comme une fable.

37 La nature est faible en rapport avec le mal, mais pas en rapport avec le bien ; car elle est préservée par les plaisirs, et détruite par les douleurs.

38 Bien piètre vraiment est celui pour qui il y a de nombreux motifs raisonnables de sortir de la vie.

39 Ce n'est pas celui qui cherche en toute circonstance les services qui est ami, ni celui qui jamais ne lie services et amitié ; car le premier, au moyen de la reconnaissance, fait trafic des récompenses, et le second tranche le bon espoir pour l'avenir.

40 Celui qui dit que tout arrive selon la nécessité n'a rien à redire à celui qui dit que tout n'arrive pas selon la nécessité ; car il dit que cela même arrive selon la nécessité[3].

41 Il faut à la fois rire, vivre en philosophe, diriger sa propre maison, et encore nous servir de tout ce qui nous est propre, et ne jamais cesser de prononcer les formules issues de la droite philosophie.

---

1. L'on va du présent au présent. L'attitude de regret méconnaît la part de choix qui indéfectiblement s'attache à ce que nous faisons de notre vie, à chaque instant.
2. A l'évidence, la sentence n'est pas d'Épicure ; on l'attribue à Hermarque (fr. 49 Longo Auricchio).
3. Le nécessitariste doit convenir que les voix qui battent en brèche la nécessité sont contenues dans la nécessité qu'ils défendent. Le paradoxe est alors que le nécessitariste doit assumer, parmi la totalité des choses nécessaires, le principe de la non-nécessité.

42 C'est le même temps que celui de la naissance du plus grand bien, et celui de sa destruction[1].

43 L'amour de l'argent joint à l'injustice est impie, et joint à la justice honteux, car il est inconvenant de constituer une sordide épargne, même avec la justice de son côté.

44 Le sage, qui s'est formé face aux nécessités, est plus enclin à partager ce qu'il a, qu'à recevoir la part d'un autre. Si grand est le trésor qu'il a découvert dans la suffisance à soi.

45 Elle ne forme ni des vantards, ni des fabricants de formules, ni des individus exhibant la culture convoitée du grand nombre, l'étude de la nature, mais des hommes vifs, qui se suffisent, et fiers des biens qui leur sont propres, non des biens d'occasion.

46 Chassons entièrement les viles habitudes, comme des hommes mauvais qui pendant longtemps nous ont grandement nui.

47 Je t'ai devancée, Fortune, et j'ai fait pièce à toutes tes intrusions[2]. Et nous ne nous livrerons nous-mêmes ni à toi ni à aucune autre sorte d'embarras ; mais lorsque l'inéluctable nous fera partir, lançant un grand crachat sur la vie et sur ceux qui se collent en vain à elle, nous sortirons de la vie, clamant en un péan plein de beauté que nous avons bien vécu.

48 S'efforcer de rendre l'action suivante supérieure à la précédente, tant que nous sommes en chemin ; mais une fois que nous atteignons la limite, se réjouir de façon égale[3].

---

1. La sentence met en valeur la continuité (de plaisir, grâce à la prudence ; cf. *L. à Mén.*, § 132) induite par le plus grand bien. Entre sa naissance et sa destruction, il n'y a aucune rupture ; le vivant qui l'éprouve n'est plus lié au temps, qui n'introduit plus d'aléa, et dont il est maître.

2. Cicéron attribue cette première phrase de la sentence à Métrodore. Cela n'est peut-être pas suffisant pour lui attribuer la sentence entière, comme on l'estime le plus souvent (fr. 49 Körte).

3. La progression évoquée vise non un maximum, mais une limite, la limite de la satisfaction des désirs naturels et nécessaires, de la régulation des plaisirs. L'état stable auquel on parvient s'accompagne de joie.

49 Il n'est pas possible qu'ils dissipent ce qui est redouté dans les questions capitales, ceux qui ne connaissent pas la nature du tout – au mieux peuvent-ils dissiper quelque inquiétude touchant aux récits mythiques ; de sorte qu'il n'est pas possible, sans l'étude de la nature, de recevoir en retour les plaisirs sans mélange[1].

50 Nul plaisir n'est en lui-même un mal ; mais les causes productrices de certains d'entre eux apportent de surcroît bien plus de perturbations que de plaisirs[2].

51[3] Tu m'apprends que le mouvement de ta chair est plus généreux pour la relation amoureuse : pour ce qui te concerne, si tu ne renverses pas les lois, si tu n'ébranles pas les bonnes coutumes en place, si tu n'affliges pas l'un de tes proches, si tu n'épuises pas ta chair et si tu ne sacrifies pas les nécessités vitales, exerce ton penchant à ta guise ; il est toutefois impossible de ne pas se trouver soumis à l'un de ces inconvénients : les choses de l'amour en effet ne sont jamais profitables, et il faut se réjouir qu'elles ne nous nuisent pas.

52 L'amitié danse autour du monde habité, proclamant à nous tous qu'il faut nous réveiller pour louer notre félicité.

53 Il ne faut jalouser personne ; car les hommes de bien ne méritent pas d'être jalousés, et les hommes mauvais, plus leur fortune est bonne, plus ils se corrompent eux-mêmes.

54 Il ne faut pas faire le philosophe, mais philosopher réellement ; car nous n'avons pas besoin d'une apparence de santé, mais de la santé véritable.

55 Il faut soigner les malheurs par la reconnaissance pour les moments disparus, et en comprenant que l'on ne peut faire de ce qui a été quelque chose qui ne se soit pas réalisé.

56 Le sage ne souffre pas plus s'il est torturé que si son ami l'était.

---

1. Cf. *M.C.* XII.
2. Cf. *M.C.* VIII.
3. Un témoignage papyrologique atteste que ce développement est extrait d'une lettre de Métrodore à Pythoclès.

57 Sa vie tout entière sombrera dans la confusion par défaut de certitude, et restera au sol.

58 Il faut se dégager soi-même de la prison des affaires quotidiennes et publiques.

59 Insatiable non pas le ventre, comme la plupart des gens le disent, mais l'opinion fausse sur l'indéfinie rassasiement du ventre.

60 Tout homme quitte la vie comme s'il venait de naître.

61 Très belle aussi est la vue des proches, quand la parenté première conduit à la concorde : vers elle cette vue produit le plus grand élan.

62 Si c'est à juste titre que les parents se mettent en colère contre leurs enfants, il est vain assurément de s'opposer et de ne pas demander à être pardonné ; mais si ce n'est pas à juste titre, et bien au contraire sans raison, est risible tout ce que l'on fait qui contribue à l'excitation, lorsqu'on affermit la déraison par son émotion – risible donc de ne pas chercher à les disposer à la bienveillance par d'autres moyens.

63 Il y a un raffinement même dans la restriction, et celui qui ne s'emploie pas à y réfléchir endure à peu près la même chose que celui qui s'égare, victime de l'indéfini.

64 Elle doit suivre spontanément, la louange des autres, mais nous, nous devons nous attacher à nous soigner nous-mêmes.

65 Il est vain de demander aux dieux ce qu'à soi-même l'on est capable de fournir.

66 Partageons les sentiments des amis non en nous lamentant, mais en prenant soin d'eux[1].

67 Une vie libre ne peut acquérir des biens nombreux, parce que la chose n'est pas facile sans se faire le serviteur

---

1. La sympathie pour les amis ne doit jamais se réduire à une déploration ; loin d'être une compassion, elle doit aider l'autre à surmonter la douleur, et retrouver la joie.

de la foule ou de maîtres ; mais elle a acquis tout ce qu'elle
a par une prodigalité continue ; et si jamais elle obtient des
biens nombreux, il lui sera facile de les dispenser pour
gagner la bienveillance du proche.

68 Rien de suffisant pour qui le suffisant est peu.

69 L'ingratitude de l'âme a rendu le vivant d'une gour-
mandise illimitée pour les variétés dans le régime de vie.

70 Ne fais rien dans ta vie, qui te fasse redouter que ton
voisin en prenne connaissance.

71 À tous les désirs, il faut appliquer la question
suivante : que m'arrivera-t-il si s'accomplit ce que cherche
à obtenir mon désir, et que m'arrivera-t-il si cela ne
s'accomplit pas ?

72 Il n'y a aucun profit à se procurer la sécurité parmi
les hommes, si ce qui est en haut est redouté, ainsi que ce
qui est sous terre et en général ce qui est dans l'illimité[1].

73 Et même que certaines douleurs surviennent dans le
corps est profitable pour se garder de celles qui ont la même
forme[2].

74 Dans la recherche commune des arguments, celui qui
est vaincu a gagné davantage, à proportion de ce qu'il vient
d'apprendre.

75 Envers les biens passés, elle manque de reconnaissance la formule qui dit : « regarde le terme d'une longue
vie ».

76 Tu es tel en vieillissant que moi j'y exhorte, et assurément tu sais ce que c'est que philosopher pour soi et ce
que c'est que philosopher pour la Grèce : je partage ma joie
avec toi.

77 Le fruit le plus important de la suffisance à soi est la
liberté.

---

1. Cf. *M.C.* XIII.
2. C'est une variation sur le principe selon lequel la douleur sert finalement le plaisir.

78 L'homme noble devient véritablement tel en s'attachant à la sagesse et l'amitié ; en elles, il y a d'une part un bien de la pensée, de l'autre, un bien immortel.

79 Qui est sans trouble ne peut être perturbé ni par lui-même, ni par un autre[1].

80 Pour le jeune, la part première du salut est de conserver la force de sa jeunesse, et de se préserver de ce qui souille tout, à la suite des désirs enragés.

81 Ne dissipent le trouble de l'âme et n'engendrent la joie digne d'estime, ni la richesse, la plus grande soit-elle, ni l'honneur et la considération qui viennent de la foule, ni quoi que ce soit d'autre qui relève de causes indéterminées.

---

1. Celui qui a atteint l'ataraxie, est nécessairement inaccessible aux perturbations qui viennent du corps (*aochlètos* ; cf. *L. à Mén.*, § 127), qu'elles aient soi-même pour origine, ou autrui.

Table

LETTRES, MAXIMES, SENTENCES

Composition réalisée par NORD-COMPO

IMPRIMÉ EN FRANCE PAR BRODARD ET TAUPIN
Usine de La Flèche (Sarthe).
LIBRAIRIE GÉNÉRALE FRANÇAISE - 6, rue Pierre-Sarrazin - 75006 Paris.
ISBN : 2 - 253 - 06709 - 1   ✤ 30/4628/1